기도,
그 이상의
기도

푸른초장

기도 그 이상의 기도

초판 제 1쇄 | 2010. 3. 8.

지은이 | 이강천
펴낸이 | 정성민
펴낸곳 | 푸른초장
표지디자인 | 정영수
표지그림 | 김지연
내지디자인 | 정영수

등록번호 | 제 387-2005-00011호(2005년 5월 17일)
소재지 | 경기도 부천시 소사구 심곡본동 743-14, 101호
          TEL 032) 655-8330 (푸른초장), 010-6233-1545
인쇄처 | 예원문화사

ISBN 89-92817-32-5

기도,
그 이상의
기도

Contents

기도
그 이상의 기도

KINGDOM PRAYER

하늘에 계신 우리 아버지

하늘에 계신 우리 아버지

마 6:9, 그러므로 너희는 이렇게 기도하라 하늘에 계신 우리 아버지
여 이름이 거룩히 여김을 받으시오며

아버지 하나님

어느날 나는 몹시 외롭다는 생각이 들었습니다.

아내에게도

"나는 오늘 몹시 외롭다."

"내가 있는데 왜 외로우냐"며 아내는 의아해 합니다. 체력은 바
닥이 난듯 지쳤고, 벌여 놓은 공사는 공사대금을 주지 못하여 중
단된 상태입니다. 마음은 심란하고 가슴을 조여오는 답답함을 견
디기 어려웠습니다.

"가야겠다. 기도실에 가서 하나님께 외롭다고 말씀 드려야겠다."

그렇게 아내에게 말하고 기도실로 갔습니다.

기도실에 가서 내 마음그대로를 하나님께 하소연 했습니다.

"하나님 나 오늘 외롭습니다.

훈련원에서 1년씩이나 훈련 받고 돌아간 수료생이 600여명인데 훈련원 신축 공사를 위한 한 평 운동에 참여하여 헌금하는 자가 손에 꼽을 정도이니 지금까지 해온 훈련원 사역이 저들에게 큰 의미를 주지 못하였는가 봅니다.

믿음으로 말하고 시작하게 하셨는데, 아버지께서 그 말의 응답을 보장하지 않은듯 싶고 죄우간 나는 오늘 외롭고 힘이 듭니다."

투덜대며 하나님께 호소했습니다.

다 큰녀석이 그것도 나이 60이 넘고 신앙 나이도 50이 다 되어가는 녀석의 넋두리 같은 항의에 하나님이 기가 막히셨겠지요.

그러나 내가 서러워서 투정할 때 하나님은 책망하시지 않으셨습니다.

그 날밤 나를 다독거리며 내 마음을 만져 주셨습니다.

하나님이 아버지가 되신다는 것이 얼마나 감사한지요.

아버지 하나님은 사랑으로 자녀의 외로운 마음 어루만지시며 자녀의 필요를 채우시는 하나님 이십니다.

예수님은 하나님을 아버지로 부르도록 가르치셨고 우리를 하나님의 자녀가 되게 하셨습니다.

"하늘에 계신 아버지"라는 하나님에 대한 호칭은 예수님께서 반복적으로 사용하신 호칭입니다.마5:16, 45, 48, 6:1, 9, 7:11 ,10:32, 33, 12:50, 16:17, 18:10, 14, 19, 23:9, 막11:25등

구약에서도 하나님이 아버지로서 호칭된 예가 있기는 합니다. 신32:6, 사63:16, 64:8,말2:10등 그러나 대체로 구약에서는 하나님께서 우리의 창조자라는 점과 이스라엘을 구원한 민족적 아버지 개념을 강조할 때 사용하였습니다.신 32:6, 사 64:8, 말 2:10, 사 63:16

그러나 예수님은 단순히 창조주로서만 아니라 우리를 구원하시고 사랑하시고 돌보시고 대화하시고 교제하시는 가까이 계시는 하나님으로서 아버지로 믿고 부르도록 가르치신 것입니다.

"아버지"라는 호칭은 무엇보다도 사랑의 하나님을 믿음으로 부르는 호칭입니다.

하나님은 우리를 사랑하시는 아버지이십니다.

우리를 용서 하시고 구원하시는 사랑의 하나님입니다.

예수 그리스도로 말미암아 우리로 하여금 자녀의 권세를 갖게 하신 구원의 하나님이요,요1:12 돌아온 탕자를 맞아 여전히 사랑하는 사랑의 아버지이시요,눅15:20-24 구속하시며 사랑하시는 아버지 하나님입니다.요일3:1

또한 아버지 하나님은 당신의 영을 우리에게 부으사 우리로 당신과 교제하게 하십니다.

하나님 자신이 우리와 대화할 수 있는 길을 준비해 주셨습니다. 우리는 성령을 받아 하나님을 아바 아버지, 사랑을 주시고 돌보시는 아버지라 부르게 되었고,갈4:6 성령은 우리 영으로 더불어 우리가 하나님의 자녀라고 확증합니다.롬8:16

이점은 대단히 중요합니다.

하나님을 아버지라고 부를 때 하나님께서 그 자녀들에게 성령을 주셔서 하나님 아버지와 긴밀한 영적 교제를 나누게 하신다는 것입니다. 그러므로 기도는 성령 안에서 하나님과 교제하고 대화하는 것이 되는 것입니다.

그래서 기도의 가장 좋은 응답은 성령을 주시는 것이고, 성령으로 기도하는 것은 하나님과 온전한 대화와 교제가 이루어지는 것입니다.

기도는 기본적으로 하나님과의 대화이며 교제입니다.

무엇을 달라고 해야만 기도가 되는 것은 아닙니다.

성령 안에서 하나님과 대화를 나누는 것이 기본적인 기도인 것입니다.

하나님을 아버지로 믿고 기도실에 들어간다면 이제 어떤 응답이 기대되겠습니까?

책임지는 아버지의 사랑에 신뢰를 가지고 기도할 수 있고 응답받을 것을 기대하게 됩니다.

하나님은 아버지로서 가장 좋은 것으로 우리의 기도에 응답하

시며마 7:11 또한 성령으로 응답하십니다.눅 11:13

아들을 주실 만큼 선하시며 사랑이신 하나님 아버지는 우리를 위하여 무엇이라도 응답하실 수 있는 하나님입니다.롬 8:32

기도할 때에 하나님을 아버지로 부르라고 한 것은 아버지로서 그의 사랑에 신뢰를 가지라는 것입니다.

기도하면 가장 좋은 것으로 응답해 주시는 책임있는 사랑을 신뢰하라는 것입니다.

이방인들이 중언부언 주문을 외우는 것은 그들의 기도의 대상을 인격자로 신뢰하지 않기 때문이고 개념적 신이거나 먼데 있는 신이거나 그렇게 느끼기 때문입니다.

기도의 대상으로서의 하나님을 아버지로 부르는 것은 아버지로서 신뢰하는 것입니다.

아버지로 믿는다면 중언부언 하거나 외식할 필요가 없습니다.

아버지와 대화하고 교제하고 신뢰하는 기도를 드리게 됩니다.

가장 좋은 것으로 응답하시는 하나님을 믿고 신뢰하며 기쁨으로 기도실에 들어가게 되는 것입니다.

이 얼마나 감격스러운 일입니까?

하나님을 아버지로 모시고 살아가며 그 분 앞에 우리의 마음을 열고 기도할 수 있다는 것은 행복한 일입니다.

자주 기도실에 들어가 하나님과 대화하는 즐거움으로 살아 갑시다.

하늘에 계신 하나님

내가 처음 예수를 믿었을 때는 위와 폐와 심장에 병이 들어 죽을 수 밖에 없는 절망적인 상황이었습니다.

예수 믿고 하나님의 아들이 되었을 때 소망이 생겼습니다. 내가 의지하고 기도하는 하나님은 전능한 하나님이었기 때문입니다.

하나님 아버지는 지상에서의 육신의 아버지와는 다릅니다. 그분은 하늘에 계신 아버지이십니다.

그러면 하늘에 계시다는 것이 무엇을 의미하며 어떤 이미지로 다가옵니까? 아래 성경 구절을 잠시 묵상해 보시기 바랍니다.

삼하 22:14, 여호와께서 하늘에서 뇌성을 발하시며 지존하신 자가 음성을 내심이여

느 1:5, 가로되 하늘의 하나님 여호와 크고 두려우신 하나님이여 주를 사랑하고 주의 계명 을 지키는 자에게 언약을 지키시며 긍휼을 베푸시는 주여 간구하나이다

시 11:4, 여호와께서 그 보좌를 하늘에 세우시고 그 정권으로 만유를 통치하시도다

하늘에 계신 하나님이란 **절대적 초월자=거룩하신 하나님**을 지칭합니다. "아버지"라고 하나님을 부를 때 하나님은 가까이 계시는

하나님으로 다가 오지만 그렇다고 해서 하나님이 가까이 계시다고 가볍게 취급해도 되는 것은 아닙니다.

사랑의 하나님이시지만 동시에 거룩한 하나님이십니다.

가까이 계신 하나님이면서도 초월자 하나님이시며 신뢰의 대상이시며 동시에 **경외의 대상**이신 하나님입니다.

구약에서는 거룩한 하나님이 강조되어 있습니다.

인간과는 비교될 수 없는 절대자이신 것입니다.

외식하는 기도는 하나님을 아버지로 믿지 못해서만 아니라 하나님을 하나님으로 거룩하시고 전능하시고 존엄하시고 대단하신 하나님으로 인식하지 못하는 데서 오기도 합니다. 하나님을 가볍게 우습게 만홀히 여기는 데서 외식은 오는 것입니다.

사람의 눈을 의식하고 하나님의 눈을 의식하지 아니하는 것이 외식입니다.

하나님은 절대자요, 거룩자요, 전능자이십니다.

하나님은 모세에게 당신을 "스스로 있는 자"라고 말씀하셨습니다. 출3:14

절대자이며 전능자임을 선포합니다.

이스라엘의 해방을 선포하실 권세와 주권이 있고 능력이 있으신 하나님입니다.

하늘에 계신 하나님은 크고 위대하고, 두렵고 지존하시고, 감찰하시고 심판하시고 통치하시고 다스리시는 초월자, 절대자, 주관자, 심판자, 거룩하신 하나님, **경외와 경배의 대상**으로서의 하나님이십니다.

그러므로 대적하거나 만홀히 여기거나 맞먹을 수 없습니다.

그 하나님 앞에 겸손히 서야 합니다.

하나님은 절대자로서 절대적 순종을 요구하시는 경외의 대상이십니다. 사람 마음대로 하나님을 조정할 수 없습니다.

겸손함과 경외하는 자세로 하나님께 나아가야 합니다.

그 하나님 앞에 정직하고 그 분께 순종하는 마음으로 서야 합니다.

예수님이 하늘에 계신 아버지라고 불러서 구약의 거룩하신 하나님과 신약의 사랑의 하나님을 함께 묵상하고 믿고 의지하고 반응하도록 기도를 가르치신 것은 놀라운 일이 아닐 수 없습니다.

그렇다고 하늘에 계신 하나님이 두렵기만한 분은 아닙니다. 아버지 되시는 하나님은 그분이 거룩하시고 위엄찬 하나님이시며 동시에 하늘에 계신 하나님은 전능하신 하나님이시라는 것입니다.

우리의 어떤 필요도 채우실 수 있는 능력을 가지신 하나님입니다. 하나님께 기도할 때 너무 커서 기도 못할 일은 없습니다. 너무 작아서 못할 것도 없습니다. 얼마든지 예가 되시는 전능하신 하나님이십니다. 고후1: 20, 롬4:17-21, 민11:21-23

나는 작은 기도, 큰 기도 다 응답받은 간증을 가지고 있습니다.

내가 처음 예수 믿던 시절은 피난 시절이어서 생활이 너무나

핍절했습니다.

잘 먹지 못했고 위와 폐와 심장에 병이 들어 절망적인 때였습니다.

초등학교를 졸업하고 중학교에는 못 가고 있었고, 우리 가족 중에 아무도 예수 믿는 사람이 없을 때였습니다.

이러한 때에 예수님을 만나고 하나님의 아들이 되자 나에게 소망이 생겼고, 기도를 응답하시는 하나님을 신뢰하며 몇가지 기도 제목을 놓고 기도하게 되었습니다.

하나는 병을 고쳐 주시고 건강하게 해 달라는 기도요.

두 번째는 공부시켜 달라는 기도요.

세 번째는 전 가족의 구원이었습니다.

때로는 기도가 응답이 안 되는 것처럼 오래 걸리는 경우도 있었으나 10년이 못 되어 세 가지 모두 응답되었습니다.

예수 믿고 채 2년이 안 되어 병이 치유되었습니다.

8년 안에 온 가족이 예수 믿고 함께 신앙생활을 하게 되었습니다. 10년만에 대학을 졸업하게 되었습니다. 그리고 그 후에는 미국 유학 보내달라는 기도도 응답되어 미국에 유학도 하고 돌아와 교수도 하게 되었습니다.

하나님은 전능하시며 만유의 대 주재이십니다.

전능하신 하나님, "하늘에 계신 아버지"는 땅에 있는 아버지와 구별됨으로써 아버지가 단순히 사랑의 아버지일 뿐 아니라 전능자로서 우리의 기도에 무엇이든 응답하실 능력이 있으신 하나님이십니다.

우리는 능력만 있고 사랑이 없는 하나님을 신뢰 할 수 없지만 사랑만 있고 능력이 없는 하나님이라면 또한 신뢰가 가지 않습니다. 그러나 우리의 기도를 들으시는 하나님은 능력의 하나님이며 사랑의 하나님으로 우리가 얼마든지 믿고 신뢰하고 의지하고 간구할 수 있는 하나님이신 것입니다.

죽은 자를 살리시며 없는 데서도 있게 하시는 전능한 하나님을 믿고 의지하고 신뢰할 수 있다는 것은 대단한 특권입니다.

우리 하나님

바나바 훈련원에서는 주로 목회자와 선교사를 훈련합니다. 전체가 모여 강의를 듣고 성경을 공부하고 배우지만 10명 내외의 소그룹으로 모여 삶을 나누고 더불어 기도하는 시간도 가집니다.

이 소그룹에서 진정한 코이노니아가 경험되고 서로 사랑하는 공동체적 경험이 일어납니다.

소그룹에서 사랑하는 마음으로 합심하여 기도하는 일은 대부분 응답되는 경험을 합니다. 그러다 보니 각 소그룹에서는 서로 형제가 되고 자매가 되어 합심하여 기도하는 일이 즐거운 일입니다.

하루는 오후 강의가 끝나고 노동훈련이 있은 후 잠시 쉬는 시간에 축구를 하게 된 모양인데 목사님 한 분이 다리를 다쳐서 병원으로 후송되었습니다.

병원에서 치료받고는 목발을 짚고 왔습니다.

숙소에서 강의실로 목발을 짚고 다니며 공부하고 기도하는데는 큰 어려움이 없었습니다.

목요일 오전, 그 주의 훈련을 끝내고 돌아가는 시간 전에 소그룹을 지도한 조교와 본부 스텝들은 마감하는 기도회를 합니다.

그런데 조교 목사님 한 분이 들어오지 않습니다.

다른 분을 보내어 찾아오라 하였더니

찾으러 갔던 분이 돌아와 보고하기를 다리를 다친 목사님이 속한 조에서 함께 모여 기도하고 있더랍니다.

잠시 후에 그 목사님이 들어왔습니다.

"다 끝났는데 무슨 기도회를 또 했나요?"

"다리 다친 목사님이 운전하여 속초까지 가야하는데 목발 짚고 운전할 수 없잖아요? 걱정하다가 '우리 하나님께 기도하여 목발 버리고 운전해서 갈 수 있게 해달라'고 합심하여 기도하자는 제안이 들어와 합심하여 기도했습니다."

"그래 어찌 되었나요?"

"깁스 풀고 목발 두고 운전하고 갔습니다."

하나되어 기도하는 공동체의 아름다움과 응답의 감격을 보았습니다.

예수님은 하나님을 부를 때 "우리 아버지"라고 부르도록 가르치십니다. "우리" 아버지 라고 부르는 것은 무슨 의미가 있을까요?

"우리에게 일용할 양식을 주옵시고마 6:12 우리가 우리에게 죄 지은 자를 사하여 준 것 같이 우리 죄를 사하여 주옵시고마 6:13 우리를 시험에 들게 하지 마옵시고"

이렇게 "우리" 아버지라 부르고 "우리에게" "우리의" "우리를" 등을 대상으로 기도하라 하신 뜻이 무엇일까요?

예수께서 기도의 잘못된 부분을 고쳐 가르칠 때는 "너는 기도할 때에" "네 아버지께서"라고마6:6 "너"라는 단수를 써서 개개인이 기도의 자세를 고칠 것을 말씀하셨습니다. 그러나 여기 참된 기도를 가르치실 때는 하나님을 부르는 데서부터 "우리" 아버지라고 부르도록 가르치시고 있습니다. 여기에는 분명한 의도가 있는 것으로 보아야 합니다.

그리고 주의 기도문에는 모두 "우리"라는 말을 쓰고 있지 "나"라는 말은 한 번도 쓰지 않고 있습니다.

"우리에게" 일용할 양식을 달라고 구하고 "우리"를 시험에 들지 않게 구하고 "우리" 죄를 사하여 달라고 기도하라고 가르치셨습니다.

이는 공동체적 기도를 의미합니다.

주님이 기뻐하시는 참된 기도는 개인의 욕구충족을 위한 기도가 아니라 하나님 나라를 이루려는 공동체적 성격의 기도라는 점입니다.

우리의 참된 기도는 하나님 나라를 이루는 기도이고 하나님 나라는 개인적이기도 하지만 공동체적 성격이 강조되고 있는 것입니다.

우리는 기도실에 들어갈 때 어떤 하나님을 기대하고 들어갑니까? 나 개인의 아버지일 뿐 아니라 만민의 아버지요, 우리 공동체적 아버지라는 점을 알고 들어가야 하는 것입니다.

예수님은 이미 산상수훈 앞 부분 팔 복 에서 긍휼히 여기는 자의 복과 화평케 하는 자의 복을 말씀하심으로써 인간관계의 공동체적 성격이 하나님 나라 삶의 중요한 차원임을 보여주셨습니다. 마5:7,9

원수까지도 사랑하는 것이 하나님의 사랑이고 하나님의 사랑은 그 해를 악인과 선인에게 비취며, 그 비를 의인과 불의한 자에게 함께 내리시는 분임을 가르치셨습니다. 마5:44-45

우리 아버지 하나님은 우리 모두의, 우리 형제들의 아버지이신 것입니다.

그러기에 예수께서 새 계명으로 말씀하실 때 "서로 사랑하라"

고 가르치신 것입니다.

서로 사랑하는 것은 단순히 사랑하는 것과 다릅니다.

그것은 하나님을 아버지로 한, 한 가족과 형제로서 서로 사랑을 주고받는 교제로서의 사랑이며 공동체적 사랑입니다. 예수님은 또 교회 형제 중 죄를 범하는 자를 위하여 기도하기를 권하면서 두 사람이 합심하여 기도하면 하늘에 계신 아버지께서 저희(복수형)를 위하여 이루리라고 말씀하셨습니다.마8:19

누가복음 11장에서 예수께서 주기도문을 가르치시고 강청하는 기도를 가르치실 때 친구를 위하여 강청하는 것을 가르침으로서 기도가 자신의 욕구충족을 위한 것이 아니라 다른 사람을 위하고 공동체를 위하는 기도임을 가르치셨습니다.눅11:1-13

그러므로 우리가 기도실에 들어갈 때 우리의 아버지이신 하나님을 만나며, 우리의 아버지께 우리의 일, 공동체적인 일을 말씀드리고 우리의 형제들과 온 지구촌 형제들을 위하여 기도하는 마음 자세를 가져야 합니다. 또 "우리"라는 말은 기도의 제사장적 기능과 중보기도를 암시한다고 볼 수 있습니다.

민6:22-27, 벧전2:9, 잠11:11, 마10:12-13, 고후!:11,엡6:18, 딤전2:1-2을 차례로 묵상하여 보시기 바랍니다.

축복하고 중보 하는 기도, 그러므로 기도할 때 우리는 자신의 현안이나 개인의 필요를 위하여 기도하는 것 이상으로 다른 이를 위하여 축복하고 중보 하는 제사장으로서 기도실에 들어가는 것입니다.

하나님은 이스라엘 공동체를 제사장으로 세우시려고 부르셨습니다.

이는 신약의 교회가 물려받은 사명이요, 직분이 되었습니다. 하나님은 우리가 누구를 축복하면 하나님이 복 주시기로 약속하였습니다. 그러므로 우리는 여러 사람을 축복하기 위하여 제사장의 직분을 지니고 기도실로 들어가는 것입니다.

합심하여 기도하는 일을 주님이 명령하셨고 바울 사도는 여러 사람의 중보기도로 얻은 은혜에 대하여 언급합니다.

그리고 여러 성도를 위하여 기도하고 나라의 지도자들을 위해서도 중보하라고 권하고 있습니다.

"우리" 라는 말은 또한 공동체적 합심 기도를 권장하는 것으로 볼 수도 있습니다.

마18:19, 행1:14, 2:46, 4:24등을 묵상하여 보십시오.

하나님은 우리의 아버지이시므로 우리가 하나 되어 함께 기도하는 것을 기뻐 받으십니다.

교회의 합심 기도는 죄 가운데 있는 형제를 풀어내고 구원하게 하신다고 말씀하십니다.

사도행전은 어떻게 초대교회 형제들이 합심하여 기도하였는가를 잘 보여주고 있습니다.

초대교회는 마음을 같이하여 합심하여 기도할 때 오순절 성령

체험을 함께 경험합니다.

마음을 같이 하여 성전에 모이며 함께 기도하고 함께 예배하면서 하나님의 은혜를 누렸고 위협 속에서도 마음을 같이 하여 기도하며 성령 충만하여 위기를 극복하였습니다. 교회 공동체가, 형제들이 합심하여 기도하면 더욱 기뻐 받으시는 우리의 아버지인 것입니다.

"하늘에 계신 우리 아버지" 하고 부르면 어떤 기도의 세계가 열립니까?

다정하고 사랑이 넘치는 아버지 앞에 나아가 그러나 경외심과 신뢰를 가지고 나아가 나의 문제를 말씀 드리고 이웃을 위하여 기도하고 더불어 기도하는 기도의 삶을 삽시다.

이름이 거룩히 여김을

마 6:9, 그러므로 너희는 이렇게 기도하라 하늘에 계신 우리 아버지여 이름이 거룩히 여김을 받으시오며

찬양의 기도

필자가 에즈베리 신학교에서 유학하던 시절에 경험한 이야기를 나누고 싶습니다.

그 학교에는 개인 기도실이 있는데 들어가면서 "기도 중"이라는 팻말을 걸면 다른 사람이 방해 하지 않고 기다리도록 되어 있습니다.

하루는 개인 기도실에 기도하러 갔더니 "기도 중"이란 패가 걸려 있고 안에서 누군가가 큰 소리로 기도하는 것이 밖으로 들려 왔습니다.

기도의 내용은 거의

주님 찬양합니다.Lord, I praise you.

아버지 감사합니다.Father, I appreciate you.

예수님 고맙습니다.Jesus, I thank you.

이 세 마디에다 뒤에 붙이는 말들이 조금씩 다르기는 하였지만 이 세 마디의 기도가 반복 되는 것이 들려 왔습니다. 처음에는 "이 양반 이제 기도의 서론이 시작 되었군" 기도가 끝나려면 멀었구나 생각하고 있는데 한 20분간 그 기도만 하더니 나오는 것입니다.

그분은 유명한 전도학 교수인 로버트 콜만교수이었습니다. 그러니까 이 양반은 찬양 기도만 하고 나온 것입니다.

찬양 기도, 찬양 기도만으로도 아니 찬양기도가 훌륭한 기도가 되는 것이라는 것을 깨닫는 계기가 되었습니다.

우리는 보통 기도하면 무엇을 달라고 간구하는 것만 생각합니다. 어렵고 핍절한 세월을 보내며 한국교회가 형성되고 자라오다 보니 살려달라고 부르짖고, 도와 달라고 부르짖는, 달라고 하는 기도를 주로 하게 되어 기도의 한 면, 간구하는 기도만이 부각되었기 때문이지요.

그러나 기도는 "받으소서" 하는 드리는 기도와 찬양과 감사의 기도가 더 성숙한 더 좋은 기도입니다.

예수님이 가르치신 기도는 찬양의 기도로 시작됩니다.

"이름이 거룩히 여김을 받으시오며"라는 기도는 찬양의 성격 즉 하나님께 영광을 돌리며 '하나님 영광을 받으소서' 하는 기도의 성격입니다. 감사를 드리며 하나님의 문안으로 들어서서 찬양을 드리며 주님의 궁정으로 들어갑시다.

> 시 100:4, 감사함으로 그 문에 들어가며 찬송함으로 그 궁정에 들어가서 그에게 감사하며 그 이름을 송축할찌어다
>
> 대상 16:28, 만방의 족속들아 영광과 권능을 여호와께 돌릴지어다 여호와께 돌릴지어다
>
> 29, 여호와의 이름에 합당한 영광을 그에게 돌릴지어다 예물을 가지고 그 앞에 들어갈지어다 아름답고 거룩한 것으로 여호와께 경배할지어다

거룩이라는 말은 원래 하나님에게만 사용되는 단어입니다. 절대적 초월자인 하나님을 가리키는 말이며 피조물에게는 거룩하신 하나님에게 속한다는 뜻에서만 사용되었습니다.

"거룩히 하다"라는 말은 신성한 것으로 숭배하다.hallow 성별하다. separate to be holy, consecrate 거룩하게 경외하다.reverence as holy 등의 뜻이며 "거룩히 여김을 받다"는 거룩히 하다의 명령형 수동태입니다.

그러므로 '거룩히 여김을 받으소서' 하는 기도는 하나님을 온전히 하나님으로 인지하고 하나님께 영광을 돌리고 하나님의 뜻이 이루어지기를 기도하는 것입니다.

하나님을 하나님으로 고백하고 하나님으로 절대화하는 신앙고백이며 찬미입니다.

동시에 하나님의 이름이 편만 하여지며 온 세상에 영광스럽게 되기를 기도하는 것입니다.

어떤 하나님의 이름을 우리가 부르고 그를 찬양한다는 것은 그의 이름과 같은 그 하나님을 믿고 신뢰하고 고백한다는 뜻이며 순종한다는 뜻이며 그 이름에 합당한 영광을 돌린다는 뜻입니다.

"하늘에 계신 우리 아버지"라는 이름을 이미 다루어 보았는데 그 이름에 합당한 영광을 돌리는 고백과 찬양의 기도를 드리는 것입니다.

이를 돕기 위하여 성경에 나타난 하나님의 이름들을 기억하며 묵상하여 보기로 하지요.

하나님의 이름에는 먼저 엘 하나님이 있습니다.

1. 엘 하나님

히브리어 엘은 강한 자, 전능자를 의미합니다.

엘은 합성어로 많이 불려집니다.

절대적 초월자를 지칭하는 호칭이지요.

1) 엘로힘

엘 또는 엘로아의 복수형인데 경외를 나타내는 복수형으로 절대적 존재요, 전능자로서 창조주 하나님을 나타냅니다.

창 1:1, 태초에 하나님이 천지를 창조하시니라

창조주 하나님을 묵상하며 감사하며 천지를 지으시고 나를 지으신 그 분을 찬양하는 기도를 드리는 것입니다.

" 오, 창조의 주 하나님! 천지 만물을 지으시고 나를 지으신 하나님 내가 하나님을 찬양 합니다."라고 찬양하는 것입니다.

2) 엘 샤다이

전능하신 하나님Almighty God을 나타냅니다.

창 17:1, 아브람의 구십구세 때에 여호와께서 아브람에게 나타나서 그에게 이르시되 나는 전능한 하나님이라 너는 내 앞에서 행하여 완

전하라

전능하신 하나님을 묵상하며 그 이름을 찬양하는 것입니다.

"오, 전능하신 하나님! 내가 전능하신 하나님을 찬양합니다."
이렇게 찬양하는 것이지요.

3)엘 오람

영원하신 하나님God of Eternity을 나타냅니다.

창 21:33, 아브라함은 브엘세바에 에셀나무를 심고 거기서 영생하시
는 하나님 여호와의 이름을 불렀으며

" 오, 영원하신 하나님! 주는 영원하시며 주님의 나라는 영원
하십니다. 내가 영원하신 주님을 찬양 합니다."라고 찬양하는 것
입니다.

4) 엘 엘리욘

지존자The Most High,초월자, 거룩한 하나님을 나타냅니다.

민 24:16, 하나님의 말씀을 듣는 자가 말하며 지극히 높으신 자의 지
식을 아는 자, 전능자의 이상을 보는 자 엎드려서 눈을 뜬 자가 말하
기를

"오, 지존하신 하나님 거룩하신 주님을 찬양합니다."라고 찬양합니다. 이상의 엘 하나님은 대체로 "하늘에 계신" 하나님을 나타냅니다.

그리고 요한계시록에 이 하나님을 찬양하는 내용이 나옵니다.

계 4:8, 네 생물이 각각 여섯 날개가 있고 그 안과 주위에 눈이 가득하더라 그들이 밤낮 쉬지 않고 이르기를 거룩하다 거룩하다 거룩하다 주 하나님 곧 전능하신 이여 전에도 계셨고 이제도 계시고 장차 오실 자라 하고

"거룩하신 하나님 전능하신 하나님 영원하신 하나님을 내가 찬양합니다."라고 찬양의 기도를 드리는 것입니다.

2. 여호와 하나님

여호와는 하나님 자신이 당신을 지칭한 이름이며 보다 인격적 하나님을 지칭하게 되고 피조물과 교제하시는 하나님, 사랑하시는 하나님을 나타냅니다.

여호와 이름도 많은 합성어로 나타납니다.

1) 여호와 치드케누(여호와 우리의 의)

렘 23: 6, 그의 날에 유다는 구원을 얻겠고 이스라엘은 평안히 거할

것이며 그 이름은 여호와 우리의 의라 일컬음을 받으리라

"나의 의가 되시고 나의 죄를 사하시며 의롭다 하시고 구원 하신 하나님, 죄인임에도 불구하고 사랑하시며 늘 은혜 주시는 하나님 감사하고 찬양 합니다." 라고 감사와 찬양을 드리는 것입니다.

2) 여호와 샬롬(여호와 우리의 평강)

삿 6:24, 기드온이 여호와를 위하여 거기서 단을 쌓고 이름을 여호와 샬롬이라 하였더라 그것이 오늘까지 아비에셀 사람에게 속한 오브라에 있더라

"오 여호와 샬롬의 하나님, 나에게, 우리 가정에 평강을 주신 하나님, 우리 나라에 평강을 주신 하나님 감사합니다."라고 감사하고 찬양합니다. 물론 이렇게 찬양하면서 평강을 주시라고 간구할 수도 있습니다.

3) 여호와 삼매(여호와가 거기 계시다)

겔 48:35, 그 사면의 도합이 일만 팔천척이라 그 날 후로는 그 성읍의 이름을 여호와삼마라 하리라

"여호와 삼마"는 거기 계신 하나님이란 뜻이므로 "하나님께서

저희 가정에 임재 하시며 저희 훈련원에 임재 하시며 저희 교회에 임재하시며 우리를 만나 주시니 감사합니다." 라고 감사하고 찬양합니다.

4) 여호와 마카데쉬(여호와 거룩케 하는자)

레 20:8, 너희는 내 규례를 지켜 행하라 나는 너희를 거룩케 하는 여호와니라

" 하나님 나의 죄를 씻으시고 거룩한 영을 내게 부으시며 나로 거룩한 영, 거룩한 사람이 되게 하심을 감사하며 찬양합니다."라고 찬양합니다.

5) 여호와 라파(치료하시는 하나님)

출 15:26, 가라사대 너희가 너희 하나님 나 여호와의 말을 청종하고 나의 보기에 의를 행하며 내 계명에 귀를 기울이며 내 모든 규례를 지키면 내가 애굽 사람에게 내린 모든 질병의 하나도 너희에게 내리지 아니하리니 나는 너희를 치료하는 여호와임이니라

" 오 치료의 하나님 나를 무서운 질병에서 치료하시고 나의 사역 가운데 치유를 행하시는 주님을 감사하며 찬양합니다."라고 감사하며 찬양합니다.

6) 여호와 이레(준비하시는 하나님)

창 22:14, 아브라함이 그 땅이름을 여호와이레라 하였으므로 오늘까지 사람들이 이르기를 여호와의 산에서 준비되리라 하더라

"여호와 이레의 하나님을 찬양합니다. 주께서 나에게 보람 있는 훈련 사역을 예비하셨다가 주시고 이 캠퍼스를 예비하셨다가 훈련원으로 주시고 신실한 스탭을 예비하셨다가 보내 주시고 후원자들을 예비하셨다가 주시고 모든 좋은 것을 예비하시고 공급하시는 하나님 감사하며 찬양 합니다."라고 나는 찬양합니다.

7) 여호와 로히(하나님은 나의 목자)

시 23:1, 여호와는 나의 목자시니 내가 부족함이 없으리로다

"나의 목자가 되셔서 나를 푸른 초장으로 쉴만한 물가로 인도하시는 하나님 감사 합니다. 우리 아이들도 주님이 목자되셔서 보호 하시고 양육 하시고 먹이시니 감사합니다." 라고 감사하고 찬양합니다.

8) 여호와 닛시(여호와 나의 깃발, 승리)

출 17:15, 모세가 단을 쌓고 그 이름을 여호와 닛시라 하고

"하나님 나에게, 저희 가정에, 우리 훈련원에 영적 승리를 주시고 승리의 깃발을 꽂아 주심을 감사합니다."라고 감사하며 찬양합니다.

여호와라는 하나님의 이름은 대체로 아버지 하나님과 같은 이미지를 가지고 있습니다. 나는 어느날 요한 계시록을 연구하다가 요한이 본 하늘에 대한 환상 가운데 그 하늘의 환상은 대체로 찬양하는 모습이었다는 데 놀랐습니다. 계시록은 하나님의 종들과 하나님의 사람들과 하나님의 피조물들이 하나님의 이름을 찬양하고 노래하며 영광을 돌리고 있는 것을 보여 줍니다. 그래서 하늘 나라는 찬양하는 삶으로 충만한 나라로구나 하고 깨닫고 찬양의 찬송과 찬양의 기도를 많이 하는 삶이 천국의 삶임을 깨닫게 되었습니다.

요한 계시록에 나온 찬양들을 잠시 묵상 하시기 바랍니다.

거룩, 전능, 영원자(절대자 하나님)

계 4:8, 네 생물이 각각 여섯 날개가 있고 그 안과 주위에 눈이 가득하더라 그들이 밤낮 쉬지 않고 이르기를 거룩하다 거룩하다 거룩하다 주 하나님 곧 전능하신 이여 전에도 계셨고 이제도 계시고 장차 오실 자라 하고

창조주 하나님

계 4:11, 우리 주 하나님이여 영광과 존귀와 능력을 받으시는 것이 합

당하오니 주께서 만물을 지으신지라 만물이 주의 뜻대로 있었고 또 지으심을 받았나이다 하더라

구원의 주님

계 5:9, 새 노래를 노래하여 가로되 책을 가지시고 그 인봉을 떼기에 합당하시도다 일찍 죽임을 당하사 각 족속과 방언과 백성과 나라 가운데서 사람들을 피로 사서 하나님께 드리시고

10, 저희로 우리 하나님 앞에서 나라와 제사장을 삼으셨으니 저희가 땅에서 왕노릇하리로다 하더라

계 5:12, 큰 음성으로 가로되 죽임을 당하신 어린양이 능력과 부와 지혜와 힘과 존귀와 영광과 찬송을 받으시기에 합당하도다 하더라

13, 내가 또 들으니 하늘 위에와 땅 위에와 땅 아래와 바다 위에와 또 그 가운데 모든 만물이 가로되 보좌에 앉으신 이와 어린양에게 찬송과 존귀와 영광과 능력을 세세토록 돌릴찌어다 하니

계 7:10, 큰 소리로 외쳐 가로되 구원하심이 보좌에 앉으신 우리 하나님과 어린 양에게 있도다 하니

11, 모든 천사가 보좌와 장로들과 네 생물의 주위에 섰다가 보좌 앞에 엎드려 얼굴을 대고 하나님께 경배하여

12, 가로되 아멘 찬송과 영광과 지혜와 감사와 존귀와 능력과 힘이 우리 하나님께 세세토록 있을찌로다 아멘 하더라

왕되신 주

계 11:17, 가로되 감사하옵나니 옛적에도 계셨고 시방도 계신 주 하나님 곧 전능하신 이여 친히 큰 권능을 잡으시고 왕노릇 하시도다

의로우신 주관자

계 15:3, 하나님의 종 모세의 노래, 어린양의 노래를 불러 가로되 주 하나님 곧 전능하신 이시여 하시는 일이 크고 기이하시도다 만국의 왕이시여 주의 길이 의롭고 참되시도다

4, 주여 누가 주의 이름을 두려워하지 아니하며 영화롭게 하지 아니하오리이까 오직 주만 거룩하시니이다 주의 의로우신 일이 나타났으매 만국이 와서 주께 경배하리이다 하더라

심판의 주, 통치하시는 주

계 19:1, 이 일 후에 내가 들으니 하늘에 허다한 무리의 큰 음성 같은 것이 있어 가로되 할렐루야 구원과 영광과 능력이 우리 하나님께 있도다

2, 그의 심판은 참되고 의로운지라 음행으로 땅을 더럽게 한 큰 음녀를 심판하사 자기 종들의 피를 그의 손에 갚으셨도다 하고

3, 두 번째 가로되 할렐루야 하더니 그 연기가 세세토록 올라가더라

4, 또 이십사 장로와 네 생물이 엎드려 보좌에 앉으신 하나님께 경배하여 가로되 아멘 할렐루야 하니

5, 보좌에서 음성이 나서 가로되 하나님의 종들 곧 그를 경외하는 너희들아 무론 대소하고 다 우리 하나님께 찬송하라 하더라

6, 또 내가 들으니 허다한 무리의 음성도 같고 많은 물 소리도 같고 큰 뇌성도 같아서 가로되 할렐루야 주 우리 하나님 곧 전능하신 이가 통치하시도다

이러한 요한 계시록의 찬양의 기도와 찬송을 모델로 하여 하나님의 이름을 높여 드리는 찬양의 기도를 드리는 것을 적용할 수 있습니다.

거룩한 삶

기도는 곧 삶이기도 합니다.

거룩하신 하나님을 찬양하게 되면 우리의 삶 전체가 찬양하는 삶이 될 뿐 아니라 우리의 삶도 거룩한 삶으로 하나님께 영광 돌리고자 하는 열망을 품게됩니다.

하나님은 하나님이 거룩하신 만큼 하나님의 백성들의 거룩을 요구하시고 명령하십니다.

레 19:2, 너는 이스라엘 자손의 온 회중에게 고하여 이르라 너희는 거룩하라 나 여호와 너희 하나님이 거룩함이니라

예수님은 우리와 교회의 거룩을 위하여 기도하셨습니다.

요 17:17, 저희를 진리로 거룩하게 하옵소서 아버지의 말씀은 진리니이다

예수께서는 우리가 하나님의 자녀답게 살아서 그 선한 행실로 하나님께 영광을 돌려야 한다고 말씀하셨습니다.

마 5:16, 이같이 너희 빛을 사람 앞에 비취게 하여 저희로 너희 착한 행실을 보고 하늘에 계신 너희 아버지께 영광을 돌리게 하라

빌 1:11, 예수 그리스도로 말미암아 의의 열매가 가득하여 하나님의 영광과 찬송이 되게 하시기를 구하노라

우리가 하나님의 이름이 거룩히 여김을 받으시기를 위하여 기도하게 되면 우리의 삶도 하나님의 이름을 거룩히 드러내는 삶이 되어야 합니다. 하나님은 우리를 향해서도 거룩하라고 명령하십니다.

우리가 거룩하게 살아가는 것이 하나님의 이름을 거룩하게 하는 것이 됩니다. 그러므로 우리는 이 기도를 드리면서 하나님을 거룩되게 하는 거룩한 삶인가를 돌아보며 거룩한 삶이 되기를 소원하며 간구해야 합니다. 거룩한 행실로 거룩한 하나님의 이름이

거룩되게 하는 것이 하나님의 자녀의 기도인 것입니다.

열방 가운데서

이렇게 하나님의 이름을 높이는 동안 동시에 우리가 적용하여 기도할 방향이 또 있습니다.

그것은 하나님의 이름이 온 땅 모든 민족과 열방 중에서 높임을 받으시라고 기도하는 것입니다.

> 시 46:10, 이르시기를 너희는 가만히 있어 내가 하나님 됨을 알찌어다 내가 열방과 세계 중에서 높임을 받으리라 하시도다

우리가 진정 하나님의 이름이 거룩히 여김을 받으시도록 기도한다면 그것은 온 열방이 하나님을 찬양하는 일과 관련이 있습니다.

하나님이 온 땅 만 백성으로부터 찬양을 받으시고, 만 백성이 여호와의 성호를 찬미하는 그 일이 이루어지도록 기도해야 합니다.

따라서 세계선교를 위하여 기도하는 일이 곧 하나님의 이름이 거룩히 여김을 받으시게 하는 기도가 되는 것입니다.

"여호와여 열방 중에서 모든 민족 가운데서 주의 이름이 거룩히 여김을 받으시오며 나의 삶과 사역을 통하여 주의 이름이 열방 중에 높임을 받으소서"라고 기도하는 것입니다.

나라이 임하옵시며

나라이 임하옵시며

마 6:10, 나라이 임하옵시며 뜻이 하늘에서 이룬 것같이 땅에서도 이루어지이다

나라이 임하옵시며

컬럼비아 칼리라는 도시는 마약과 인신매매와 폭력으로 사람이 살 수 없는 도시가 되어 가고 있었습니다. 그런데 그 도시의 교회들이 합심하여 중보 기도함으로써 그 도시에서 마약과 폭력, 음란과 인신매매가 사라지고 감옥이 비게 되고 교회는 열배로 부흥하는 결과가 보고 되었습니다. 이 세상 임금, 즉 사탄의 세력이 세상을 어지럽히고 죄악으로 몰고 가는 것을 영적으로 인식하고 이 어두움의 세력을 통치하실 하나님을 그 도시에 왕으로 모시는 기

도행위를 통하여 도시가 거룩해지고 살아나게 된 것입니다.

"나라이 임하옵시며"라고 기도하라는 말은 "하나님의 나라가 이 땅에 임하시옵소서"라고 기도하라는 말씀입니다.

하나님의 나라가 내려오게 해 달라는 기도인데 하나님이 내려와 다스려 달라는 기도인 것이지요

이 땅에 임하는 하나님 나라

이 땅에 임하는 또는 이룩되는 하나님 나라에 대하여는 그 동안 서너 가지 차원으로 논의 되곤 했습니다.

하나는 개인적 차원의 하나님 나라요, 또 하나는 사회적 차원의 하나님 나라요, 또 다른 하나는 영적 차원의 하나님 나라입니다. 차례로 생각해 보기로 하지요.

1. 개인적 차원

성령께서 개인의 마음 속에 임하므로 주님이 주시는 기쁨과 평강을 누리는 차원의 하나님 나라입니다.

성경은 이러한 하나님 나라를 우리에게 가르쳐 주시고 우리가 하나님 나라를 누리기를 원하십니다.

롬 14:17, 하나님의 나라는 먹는 것과 마시는 것이 아니요 오직 성령 안에서 의와 평강과 희락이라

그래서 나도, 가정도, 또 그 누구도 이 성령 안에서 천국을 누리며 살기를 위하여 기도하는 것입니다.

2. 사회적 차원

하나님의 나라는 사회적이어야 한다는 주장이 강하게 제기 되었던 적이 있었습니다.

사회정의를 이루는 것이 하나님 나라라고 주장된 것이지요. 성경적으로 이해하자면 사회정의가 곧 하나님 나라는 아니지만 하나님의 나라는 사회정의를 포함하는 것임을 알 수 있습니다.

렘 33:15, 그 날 그 때에 내가 다윗에게 한 의로운 가지가 나게 하리니 그가 이 땅에 공평과 정의를 실행할 것이라

암 5:24, 오직 공법을 물같이, 정의를 하수같이 흘릴지로다

이러한 예언서의 메시지를 근거로 사회정의가 실현 되는 것이 하나님의 나라라고 보게 되었는데 이를 위하여 정치적 행동으로 하나님의 나라를 이루어야 한다는 주장을 하게 된 사람들 소위 정치신학, 해방의 신학 등의 주장이 있기도 합니다.

이러한 하나님 나라도 개인이 성령으로 변화 되어야 이루어질 수 있다고 개인의 변화에서 사회로 확대하는 신학적 입장이 있습니다.

자, 여기서 신학 논쟁을 할 일이 아니고 우리는 주님이 하나님 나라가 이 땅에 임하기를 위하여 기도하라 하였으니 이러한 사회적 차원에서도 하나님의 나라가 이 땅에 임하여 공의와 정의가 행해지고 서로 더불어 잘 사는 사회가 이루어지기를 위하여 기도할 일 입니다.

3. 영적 차원

개인적으로나 사회적으로나 우리가 죄악에 사로잡히거나 기쁨을 빼앗기고 살아가는 궁극적 원인은 영적인 것임을 인식하는 바탕에서 하나님의 나라는 하나님이 임재하여 이 땅에서 사탄 마귀의 세력을 다스리고 인간을 이들 어두움의 세력에서 해방하고 주를 경외하며 서로 사랑하는 사회를 이루도록 하나님이 영적으로 통치하는 것입니다.

그 동안 계몽주의 철학이 세계관을 합리주의와 과학적 사고방식으로 생각하게 만든 이후 기독교에서조차도 초월적인 것, 보이지 않는 영적 세계에 관해서는 무지하든지 애써 외면하는 경향을 띠고 있었습니다.

그러나 20세기 후반 들어 복음주의 지도자들 가운데서 이 영적 차원 즉 마귀가 통치하는 세상은 죄에서 자유하지 못하며, 그 사회에 정의가 실현 되지도 못하므로 하나님이 영적 대적을 다스리는 것이 근본적으로 중요한 일이라는 인식이 있게 되었습니다.

그래서 하나님이 오셔서 어두움의 세력을 다스리시고 인간을 영적으로 해방하고 하나님의 법을 따르게 하는 역사가 있기를 기도하게 되었습니다.

> 마 12:28, 그러나 내가 하나님의 성령을 힘입어 귀신을 쫓아내는 것이면 하나님의 나라가 이미 너희에게 임하였느니라
>
> 막 9:1, 또 저희에게 이르시되 내가 진실로 너희에게 이르노니 여기 섰는 사람중에 죽기 전에 하나님의 나라가 권능으로 임하는 것을 볼 자들도 있느니라 하시니라
>
> 눅 4:18, 주의 성령이 내게 임하셨으니 이는 가난한 자에게 복음을 전하게 하시려고 내게 기름을 부으시고 나를 보내사 포로된 자에게 자유를 눈먼 자에게 다시 보게 함을 전파하며 눌린 자를 자유케 하고
>
> 19, 주의 은혜의 해를 전파하게 하려 하심이라 하였더라
>
> 고전 4:20, 하나님의 나라는 말에 있지 아니하고 오직 능력에 있음이라

하나님의 나라는 권세와 권능으로 임합니다.
예수 이름의 권세와 성령의 권능으로 임하는 것입니다.
그러므로 하나님의 나라가 임하기를 기도하는 것은 예수 이름의 권세와 성령의 권능으로 하나님이 임하여 마귀 권세를 이기고 통치 하시기를 기도하는 것입니다.
우리는 이 기도를 드려야 합니다.

하나님 나라=하나님의 통치

하나님 나라는 하나님이 통치하시는 나라입니다.

세상은 전적으로 하나님의 것이지만 지금 우리의 세상은 하나님의 통치를 온전히 받아 들이지 못하고 악한 영의 지배를 받고 있습니다.

아담과 하와가 사탄을 받아 들인 이후 인간은 사탄의 통치 아래 놓여 있게 되었습니다. 그러므로 하나님이 통치하시는 나라가 임하기를 기도해야 합니다.

계11:15, 일곱째 천사가 나팔을 불매 하늘에 큰 음성들이 나서 가로되 세상 나라가 우리 주와 그 그리스도의 나라가 되어 그가 세세토록 왕노릇 하시리로다

계 11:17, 가로되 감사하옵나니 옛적에도 계셨고 시방도 계신 주 하나님 곧 전능하신 이여 친히 큰 권능을 잡으시고 왕노릇하시도다

계 19:6, 또 내가 들으니 허다한 무리의 음성도 같고 많은 물소리도 같고 큰 뇌성도 같아서 가로되 할렐루야 주 우리 하나님 곧 전능하신 이가 통치하시도다

시 103:19, 여호와께서 그 보좌를 하늘에 세우시고 그 정권으로 만유를 통치하시도다

사 52:7, 좋은 소식을 가져오며 평화를 공포하며 복된 좋은 소식을

가져오며 구원을 공포하며 시온을 향하여 이르기를 네 하나님이 통치하신다 하는 자의 산을 넘는 발이 어찌 그리 아름다운고

하나님의 나라는 예수님이 왕이십니다.

왕이신 주님이 임하셔서 세상을 통치하시기를 간구하는 것입니다. 예수님을 우리의 삶의 영역 속에 초청하여 다스려 주시기를 기도하는 것입니다.

예수님을 왕으로 모셔 오는 기도입니다.

그렇다면 이 기도는 우리 삶의 제반 영역에 하나님이 오셔서 다스리시고 통치하시기를 적용하여 기도할 수 있습니다.

나를 다스리시도록, 가정을 다스리시도록, 교회를 다스리시도록, 우리 민족을 다스리시도록 또는 나아가 어느 민족 어느 나라를 다스리시기를 그리하여 어두움의 영을 묶어 버리시고 우리를 해방하시고 우리로 주를 경외하고 따르는 백성을 삼으시기를 기도하는 것입니다.

그래서 나는 자주 이렇게 기도합니다.

"하나님! 나를 다스려 주시므로 악한 자에게서 자유 하여 주의 법을 따르고 주께 충성하는 백성 삼으소서.
저희 가정에 임하시고 다스리시고 어두움의 영들을 몰아내시고 우리 가족들로 주의 법을 따르며 주를 찬미하는 백성으로 지키소서.
우리 훈련원에 임하시고 다스리시며 훈련원 캠퍼스에서 어두움의

영을 몰아 내시고 주의 평화가 임하고 이곳에 오는 주의 종들이 주님께 순종하고 주님을 따르는 백성으로 온전케 하소서.

주님 나라 한국 교회에 임하시고 통치하소서.

교회를 어지럽히는 어두움의 세력을 몰아내시고 교회마다 평강이요 천국이게 하시고 주의 법을 따라 주를 섬기는 백성의 무리가 되어 주를 찬송케 하소서.

주님의 나라가 이 민족 이 나라에 임하시고 통치하소서.

이 땅에서 역사하는 어두움의 영들을 묶어 버리시고 이 백성들을 자유케 하셔서 주의 법에 거하고 진리와 의를 따르는 백성이 되게 하시고 이 사회가 주님의 공의와 사랑이 살아있는 사회가 되게 하시고 가정들은 천국 되게 하시고 마약과 알코올 중독과 인신 매매 온갖 성적 범죄들이 사라지고 하나님의 평화가 임하는 나라가 되게 하소서."

그리고는 다른 나라나 민족들을 적용하여 중보 기도를 드리는 것입니다. 하나님을 우리의 삶에 초청하는 기도를 매일 드려야겠습니다.

KINGDOM PRAYER

뜻이 이루어 지이다

뜻이 이루어 지이다

마 6:10, 나라이 임하옵시며 뜻이 하늘에서 이룬 것같이 땅에서도 이
루어지이다

이제 하나님의 뜻이 이 땅에서 우리의 삶에서 이루어지기를 위
하여 기도하라는 것입니다.

그런데 여기 "하늘에서 이루어진 것 같이" 땅에서도 이루어지
기를 기도하라고 하십니다.

그래서 우선 하늘에서 이루어진 하나님의 뜻이 무엇일까를 묵
상하게 되는데 하나님이 이 땅에서 이루시기를 원하시면서 하늘
에서 먼저 이루신 하나님의 뜻이 무엇인가 보편적인 계시부터 살
펴 보아야겠습니다.

하늘에서 이루신 뜻

요한 계시록은 하늘의 환상을 보여주는 책인데 계7:9-10에 보면 하나님이 하늘에서 이루신 뜻이 구체적으로 계시되어 있습니다.

계 7:9, 이 일 후에 내가 보니 각 나라와 족속과 백성과 방언에서 아무라도 능히 셀 수 없는 큰 무리가 흰 옷을 입고 손에 종려가지를 들고 보좌 앞과 어린 양 앞에 서서

10, 큰 소리로 외쳐 가로되 구원하심이 보좌에 앉으신 우리 하나님과 어린 양에게 있도다 하니

이미 이루어진 하늘 나라 모습의 일면을 보여 주는데 우선 많은 사람들이 흰옷을 입고 주님을 찬양하고 있습니다.

그런데 주목하여 볼 것은 이 흰 옷 입은 무리들이 각 나라와 족속과 백성과 방언에서 올라와 있다는 것입니다.

각 나라, 각 족속, 각 백성, 각 방언에서 구원 받은 성도들이 천국에 올라와 하나님을 찬양하고 있습니다.

이 얼마나 장엄하고 아름다운 광경입니까?

그런데 과연 이 땅에서는 어떠합니까?

각 나라, 각 족속, 각 백성, 각 방언에 복음이 다 전파 되고 있습니까?

정치적으로 구분한 나라는 지구상에 약 260개가 있어 거의 나라마다 복음이 들어 가 있긴 하지만, 족속이나 백성으로 치면 지구상에 약24000 족속이 살고 있는데 그 중 아직도 8000여 종족은 미전도 족속으로 남아 있다고 합니다.

방언으로 치면 지구상에 사용되는 언어가 약 6700개 인데 성경이 번역된 언어는 약 3000언어에 불과하다고 합니다.

이 땅에서는 아직 각 나라, 각 족속, 각 백성, 각 방언에서 구원 받은 사람이 다 나오지 못하고 있습니다.

하늘에서는 이루어졌는데 땅에서 이루어져야 할 과제로 남아 있고 이 과제는 교회와 성도들의 기도와 더불어 이 땅에서 성취되어야 할 일입니다.

에베소서에 보면 하나님께서 삼위일체적으로 우리의 구원을 다 이루어 놓으셨다는 것을 가르칩니다.

엡 1:3, 찬송하리로다 하나님 곧 우리 주 예수 그리스도의 아버지께서 그리스도 안에서 하늘에 속한 모든 신령한 복으로 우리에게 복 주시되

4, 곧 창세 전에 그리스도 안에서 우리를 택하사 우리로 사랑 안에서 그 앞에 거룩하고 흠이 없게 하시려고

5, 그 기쁘신 뜻대로 우리를 예정하사 예수 그리스도로 말미암아 자기의 아들들이 되게 하셨으니

6, 이는 그의 사랑하시는 자 안에서 우리에게 거저 주시는 바 그의 은혜의 영광을 찬미하게 하 려는 것이라

7, 우리가 그리스도 안에서 그의 은혜의 풍성함을 따라 그의 피로 말미암아 구속 곧 죄 사함을 받았으니

8, 이는 그가 모든 지혜와 총명으로 우리에게 넘치게 하사

9, 그 뜻의 비밀을 우리에게 알리셨으니 곧 그 기쁘심을 따라 그리스도 안에서 때가 찬 경륜을 위하여 예정하신 것이니

10, 하늘에 있는 것이나 땅에 있는 것이 다 그리스도 안에서 통일되게 하려 하심이라

11, 모든 일을 그 마음의 원대로 역사하시는 자의 뜻을 따라 우리가 예정을 입어 그 안에서 기업이 되었으니

12, 이는 그리스도 안에서 전부터 바라던 우리로 그의 영광의 찬송이 되게 하려 하심이라

13, 그 안에서 너희도 진리의 말씀 곧 너희의 구원의 복음을 듣고 그 안에서 또한 믿어 약속의 성령으로 인치심을 받았으니

14, 이는 우리의 기업에 보증이 되사 그 얻으신 것을 구속하시고 그의 영광을 찬미하게 하려 하심이라

'하나님의 뜻이 하늘에서 이루어진 것같이 땅에서도 이루어지이다' 하는 기도는 하나님의 뜻이 왜곡되고 받아 드려지지 않는

이 땅에서 온전히 하나님의 다스림과 더불어 그분의 뜻이 이루어 지기를 기도하는 것입니다.

그것은 그분의 구원의 뜻이 이루어지는 것으로 시작될 수밖에 없을 것입니다.

에베소서1장에서는 하나님 아버지가 세우신 뜻을 예수께서 성취하시고 성령께서 계속 성취해 나가시는 데 그것은 죄인 된 인간들을 구원하시는 것이라고 말씀하십니다.

하늘에서는 이미 이루어졌습니다.

즉 하나님 편에서 하실 일은 다하셨습니다.

하나님이 계획하시고 이루시고 성령까지 보내 주셨습니다. 이제 이 땅에서 이루어져야 합니다.

인간 편에서 구원 받게 되어야 합니다.

하나님 아버지는 그리스도 안에서 우리를 구원하시고 자녀 삼기로 뜻을 세우시고 예정하셨습니다. 그리고는 예수 그리스도를 보내셔서 십자가에서 구속을 성취하셨습니다.

이제 이 구원이 사람들의 것이 되도록 성령께서 증거 하십니다. 하나님의 뜻을 하늘에서는 완전히 이루셨습니다.

이제 이 땅에서 하나 하나 이루어져야 합니다.

모든 족속을 구원하고자 하는 하나님의 뜻이 이 땅에서 이루어 지기를 위하여 기도하며 그 뜻에 순종하는 기도를 드려야 하는 것입니다.

보십시오.

하늘에서는 모든 나라, 모든 백성, 모든 언어로부터 구원 받은 사람들이 올라와 이미 하나님을 찬양하는 천국이 성취되었습니다.

하나님 안에서 성취되었다는 말입니다.

그것을 우리에게 비전으로 주시면서 이 땅에서 그것이 이루어지기를 위하여 기도하라고 하시는 것입니다. 그러므로 우리의 기도는 하나님의 선교와 주님의 지상명령과 관련되어 있습니다.

이제 하나님께서 이와 같은 구원의 계획을 전세계적으로 이루시기를 원하시는 것을 이해하고 이를 위하여 기도해야 합니다. 하나님은 모든 족속 천하만민 모두가 구원 받고 복된 삶을 누리기를 원하십니다.

하나님은 하늘에서 즉 하나님 편에서 이루어 놓으신 만민 구원의 역사가 교회와 성도들의 기도를 통하여 이 땅에서 이루어지기를 기대하시는 것입니다.

하나님은 처음부터 모든 족속을 구원할 계획과 뜻을 세우시고 구속사를 이끌어 가십니다. 창12:1-4

하나님은 예수님의 제자들이 만민 구원의 하나님의 뜻을 이루는 공동체가 되기를 기대하십니다. 마28:18-20

하나님은 모든 사람이 구원에 이르기를 원하십니다. 딤전2:4

그러므로 우리는 이 하나님의 뜻이 이루어지도록 중보하며 기도해야 하는 것입니다.

개인 또는 개체 공동체를 향한 하나님의 뜻

두 번째 차원에서 하나님의 뜻은 개인 또는 개체적 공동체에 적용되는 하나님의 뜻을 찾아야 하고 이루어야 합니다.

이 차원에서는 우리의 삶이 소명적 삶이라는 것과 매일 매일 일상적 삶에서 하나님의 뜻을 분별하는 삶이어야 한다는 것입니다.

이제 '하나님의 뜻이 이루어지이다' 라고 기도하는 것은 우리의 모든 삶에서 오직 그분의 뜻에 온전히 나를 복종시키고 그분의 뜻만을 위하여 살아가는 철저한 순종과 그에 따른 자기 포기를 다짐하는 기도가 되는 것입니다.

예수께서 겟세마네에서 드린 기도처럼 말입니다.

마 26:39, 조금 나아가사 얼굴을 땅에 대시고 엎드려 기도하여 가라사대 내 아버지여 만일 할만하시거든 이 잔을 내게서 지나가게 하옵소서 그러나 나의 원대로 마옵시고 아버지의 원대로 하옵소서 하시고

예수님의 이런 기도는 일회적인 사건이 아니라 그 분은 평생 그렇게 하나님의 뜻에 살고 하나님의 뜻에 죽는 삶을 사셨습니다. 이는 철저한 소명적 인생으로 사는 것입니다.

예수님의 양식은 아버지의 뜻을 이루는 것이었습니다.

예수님의 영광은 아버지의 뜻을 완성하는 죽음의 십자가였습니다.

요 4: 34, 예수께서 이르시되 나의 양식은 나를 보내신 이의 뜻을 행하며 그의 일을 온전히 이루는 이것이니라

요 12:23, 예수께서 대답하여 가라사대 인자의 영광을 얻을 때가 왔도다

우리가 하나님의 뜻을 구하고 이루기를 소원하며 기도하는 것은 매일 소명적 삶을 살고 매일 그 분의 뜻을 묻고 구하고 순종하는 삶을 위한 기도이기도 합니다.
바울 사도 또한 이러한 소명적 삶을 고백하고 있습니다.

엡 1:1, 하나님의 뜻으로 말미암아 그리스도 예수의 사도 된 바울은 에베소에 있는 성도들과 그리스도 예수 안의 신실한 자들에게 편지하노니

빌 3: 14, 푯대를 향하여 그리스도 예수 안에서 하나님이 위에서 부르신 부름의 상을 위하여 좇아가노라

바울 사도는 분명히 소명에 살았습니다.
부르심을 이루고자 하였습니다.
우리도 이제 나를, 또는 우리 교회를, 우리 사역을 부르시고 세우신 하나님의 뜻이 무엇인지 묻고 묵상하면서 하나님의 뜻이 이루어지기를 위하여 기도하며 살아가야 할 것입니다.

소명적 인생은 매일 매일 하나님의 뜻을 찾고 분별하는 삶으로 구체화 됩니다.

나의 삶이 하나님의 뜻을 이루어 가는 삶이 되기를 기도하며 매일 하나님의 뜻이 계시된 성경 말씀을 묵상하며 내게 말씀하시는 하나님의 뜻이 이루어지기를 간구하는 것입니다.

롬 12 2, 너희는 이 세대를 본받지 말고 오직 마음을 새롭게 함으로 변화를 받아 하나님의 선하시고 기뻐하시고 온전하신 뜻이 무엇인지 분별하도록 하라

이 말씀이 권면하고 있는 것처럼 매일 주의 뜻을 구하고 주의 뜻이 무엇인지 분별하고 주의 뜻을 이루고자 하는 삶을 위하여 기도하는 것입니다.

이러한 하나님의 뜻을 매일 적용시켜 나가기 위해서는 매일 하나님의 말씀을 묵상하며 그의 뜻을 헤아리는 일이 필수적입니다.

그 분의 말씀을 잘 들어야 그분의 뜻을 알 수 있기 때문입니다. 그리고 기도하는 삶을 살되 매사에 그분에게 묻고 지도를 받는 기도생활이 이루어져야 합니다.

그래서 기도를 하되 하나님의 음성을 듣는 기도를 하는 것이 중요합니다. 그리고 깨닫는 대로 순종하는 것입니다.

말씀 드리는 기도, 듣는 기도

이렇게 보면 기도가 내 말만 주님께 아뢰는 차원이 아니고 주님의 음성을 듣는 차원이 있다는 것을 깨닫습니다.

주님의 음성을 듣고 따르고 이루는 것이 기도이기 때문입니다.

어떤 잡지에 의사가 쓴 글이 실렸는데

하루는 어떤 환자가 와서 '어디가 아프냐'고 물었더니 숨돌릴 사이도 없이, 의사가 끼어들 사이도 없이 머리끝에서 발끝까지 아픈 증세를 다 말하더니

'말하고 나니 시원하네요. 다음에 다시 오겠습니다.' 말하고는 나가더랍니다.

그런데 그 의사가 이 이야기를 쓰고 나서 코멘트 하기를 '마치 개신교 신자들이 기도하듯이'라고 적고 있었습니다. 우리는 기도가 나의 이야기를 하나님께 올리는 것으로 알고 또 그것이 사실이기도 하지만 다른 한편, 기도는 하나님과의 대화이며 하나님의 말씀을 듣는 것도 기도라는 것을 알아야 합니다. 하나님의 뜻이 매일의 삶 속에서 이루어지도록 기도한다는 것은 매일 하나님의 뜻을 구하고 그분의 마음을 읽고 그분의 뜻에 순종하는 삶을 사는 것입니다.

그러하기에 우리는 매일 주님 앞에 나아가서 우리의 필요를 말씀 드리고, 우리의 생각을 말씀 드리고, 우리의 소원을 말씀 드리

지만 동시에 주님의 뜻을 구하고 여쭙고 듣는 기도의 시간을 가지므로 주님의 뜻이 우리의 삶에서 성취되어 가는 기도생활을 이루어야겠습니다.

하루는 기도실에 들어가 주님께 여쭙고 있었습니다.

"주님, 요즘 내 삶에 잘못된 것이나 미진한 것이나 이루어야할 일이 있으면 가르쳐 주시고 말씀해 주십시오."

목적이나 원하는 바가 있어서가 아니라 여쭙고 들어보는 기도를 하는 중에 최근 출판된 [바나바행전]에 대하여 성령께서 말씀하시는 것이었습니다.

"네 의도는 아니었어도 출판사가 너를 너무 대단한 인물처럼 띄웠는데 네가 그것을 수용하고 있으므로 너 자신을 자화자찬하는 격이 되었다. 너는 나를 영화롭게 하기보다 네가 영광을 다 받고 있는 모습이 되었다."

그래서 출판사 대표에게 메일을 보내어 '영적 거장'이니 '성령의 사람'이니 '영적 스승'이니 하는 거창한 수식어들을 책표지나 광고에서 삭제하도록 부탁한 바 있습니다.

또 어떤 날은 전도훈련의 필요와 중요성을 말씀 하셔서 훈련 준비를 하게 되었고 전도훈련 시스템이 쓰임 받게 되기도 하였습니다.

일상적 삶에서 주님의 뜻을 구하고 듣고 이루는 기도의 삶이 되어야 합니다.

이제 어떤 영역들에서 하나님의 뜻이 이루어지기를 기도할 수 있겠습니까?

나에게 나를 통하여 하나님의 뜻이 이루어지기를 기도하고 가정에 가정을 통하여 하나님의 뜻이 이루어지기를 기도하고 교회와 국가와 세계에 또 그들을 통하여 하나님의 뜻이 이루어지기를 간구하고 중보 해야 하는 것입니다.

> "오, 하나님!
> 각 나라와 족속과 백성과 방언에서 예수의 피로 사람들을 사서 하늘의 찬송하는 천국을 이루신 아버지의 뜻을 이 땅에 이루소서.
> 이 아버지의 뜻을 이루기 위하여 나를 사용하시고 우리의 교회를 사용하여 주소서.
> 이 뜻을 이 땅에 이루기 위하여 나의 할 일을 가르치시고 오늘을 살아가는 법을 알게 하소서.
> 오늘도 내게 주의 뜻을 알리시고 나로 주의 뜻을 이루게 하소서.
> 주님께서 나를 향하신 뜻을 가르치시고 나로 주의 뜻을 이루는 소명적 삶으로 오늘도 승리하게 하소서.
> 나의 삶을 가르치소서. 내가 주를 따르리이다."

KINGDOM PRAYER

일용할 양식을

일용할 양식을

마 6:11, 오늘날 우리에게 일용할 양식을 주옵시고

예수님께서 가르치신 기도는 하나님의 자녀로서 가장 우선적으로 구하여 할 기도, 하나님 나라 시민으로서 구하여야 할 기도의 내용입니다.

마 6:33, "너희는 먼저 그의 나라와 그의 의를 구하라 그리하면 이 모든 것을 너희에게 더하시리라"고 말씀하십니다.

여기서 그 나라와 그 의를 구하는 기도의 표본이 바로 주기도문입니다. 주기도문은 하나님 나라를 구하는 기도요, 하나님의 의를 구하는 기도인 것입니다. 그리고 주님이 그 나라와 그 의를 구하면 이 모든 것을 더하시리라고 말씀 하실 때 이 모든 것은 의식주에 관한 모든 것을 가리킵니다.

마 6:25-34에 보면 무엇을 먹을까 무엇을 입을까 무엇을 마실까 염려하지 말라고 하십니다.

이런 것들은 이방인이나 구하는 것이고 하나님의 백성들은 하나님의 나라와 그의 의를 구하는 기도를 드려야 한다는 것입니다.

그런데 예수님이 가르치신 하나님 나라를 구하는 기도문 속에 일용할 양식을 구하는 항목이 있습니다.

예수님은 이율배반적인 가르침을 하고 있는 듯이 보입니다. 그러나 주기도문이 하나님 나라를 구하는 기도라면 일용할 양식을 구하는 기도도 분명 하나님 나라를 구하는 기도일 것임에 틀림 없습니다.

이러한 전제 하에 일용할 양식을 구하는 것이 무슨 의미인지 묵상해 보기로 하겠습니다.

일상적 필요를 말씀 드린다

나는 나의 자녀들이 자랄 때 내일 먹을 것, 모레 먹을 것을 미리 주어야 된다고 보채고 다짐하는 것을 들은 적이 없습니다. 자녀들은 그들의 필요를 그 때 그 때 청구하였을 뿐입니다. 그들은 나를, 부모를 확실히 신뢰하는 자녀였습니다.

나와 가정에 필요한 양식과 일상적 필요에 대하여 염려하지 않고 믿음으로 아버지께 청구하는 것입니다.

기도하고는 염려하지 말고 하나님의 공급하심을 믿는 것입니다. 이 기도는 일용할 양식과 필요에 대하여 염려를 떨구어 버리는 기도입니다.

왜냐하면 우리의 일용할 양식과 필요를 하나님이 아시고 공급하시기 때문에 우리는 염려할 필요가 없습니다.

사람들은 대개 미래를 미리 앞당겨서 염려하게 됩니다.

그러나 하나님의 사람들은, 하나님을 믿고 살아가는 사람들이므로 미래는 하나님의 것임을 알고 하나님이 사랑하는 아버지이시므로 미래도 책임져 주실 것을 믿고 내일 일은 내일의 하나님께 맡기고 하루하루 믿음으로 살아가는 것입니다.

그러므로 일용할 양식을 위한 기도는 하나님께서 우리의 필요를 날마다 채우시며 공급하실 것을 믿는 신앙 고백입니다. 이 신앙 고백을 하고 나면 염려라는 것이 필요 없습니다.

우리는 출애굽 시 광야에서 하나님이 이스라엘에게 만나를 공급하시던 일을 기억합니다. 이스라엘이 광야에서 먹을 것이 없자 모세와 아론을 원망하게 되었습니다.

하나님은 이에 대하여 일용할 양식을 줄 것이고 율법을 준행하게 하겠다고 말씀하십니다. 그리하여 만나를 매일 같이 내려 주셨습니다.출16:1-15 하나님은 우리의 필요를 채우시며 공급하시는 하나님임을 믿을 것을 요구하십니다.

원망과 염려를 동시에 버리고 하나님께 나아와 그 분을 신뢰하고 그 분께 일용할 양식을 구해야 합니다.

염려하는 것은 내일을 앞당겨 염려하는 것인데 그렇게 하지 말아야 합니다.

오늘의 필요에 대해서는 오늘 일용할 양식을 하나님께 청구하면 됩니다. 자녀가 배고프면 부모에게 먹을 것을 구하듯이 할 수 있는 것입니다. 부모와 함께 사는 자녀는 미리 내일 것과 모레 것을 달라고 하지 않습니다. 부모와 함께 살고 있고 부모는 그날 그날 자녀들의 필요를 공급하는 것을 믿기 때문입니다. 그러므로 무엇을 먹을까 무엇을 입을까 무엇을 마실까 염려하지 않는 것입니다. 마6:25-34

필요하면 하나님의 공급하심 속에서 먹으면 되고 입으면 되고 마시면 됩니다. 철저하게 하나님을 아버지로 신뢰하고 살아가는 삶을 기도하는 것입니다.

일용할 양식을 공급하시는 하나님을 신뢰하는 신앙고백이요, 아버지께 필요를 말씀 드리는 기도인 것입니다.

우리는 무엇을 먹을까 무엇을 입을까 염려하는 차원에서 살 필요가 없습니다.

우리의 필요를 채우시는 하나님 아버지를 모시고 살기 때문입니다.

필요한 것이 있습니까?

여러분이 어려서는 여러분 부모에게 청구한 것처럼 하나님 아버지께 청구하십시오.

하기야 여러분이 어려서 청구하는 모든 것을 부모가 공급해 주지 못한 부분이 있기는 하지만 하나님 아버지야 전능하신 분이니 그 분의 뜻에 맞는 것이라면 채워주지 못할 일은 없으실 것이 아니겠습니까?

하나님 아버지는 우리가 사치하게 살도록 하시지는 않지만 우리의 필요를 넉넉히 채워 주사 누리게 하시는 하나님인 것을 나의 평생에 경험하며 누리고 있습니다.

여러분의 필요를 하나님 아버지께 말씀 드리고 하나님이 주시는 복을 누리는 삶이 되기를 기원합니다.

하늘 양식을 구한다

일용할 양식엔 영적인 양식이 포함 됩니다.

영적인 양식을 위하여 기도해야 합니다.

우리가 일용할 양식을 구하는 기도를 드릴 때 우리의 육신의 양식을 구할 수 있는 것은 말할 필요가 없으나 우리가 구하는 양식은 육신의 양식만을 구하는 것이 아닙니다.

우리는 영적인 하늘의 양식을 구해야 합니다.

오늘날 우리는 육신의 양식을 구하지 않고 날마다 먹고 살아가고 있습니다. 아버지께서 먹을 것을 풍성히 공급해주신 것을 감사하게 됩니다. 이제 우리는 영적인 양식을 구해야 할 것입니다.

다시 출애굽시의 만나 공급 사건을 회상하며 연상해 봅시다.

신 8:3, 너를 낮추시며 너로 주리게 하시며 또 너도 알지 못하며 네 열조도 알지 못하던 만나를 네게 먹이신 것은 사람이 떡으로만 사는 것이 아니요 여호와의 입에서 나오는 모든 말씀으로 사는 줄을 너로 알게 하려 하심이니라

하나님이 매일 일용할 양식을 공급하신 것은 오히려 사람이 떡으로만 살 것이 아니요, 하나님의 말씀으로 살 것을 기대했다는 것입니다.

우리의 일상적 필요를 채우시고 공급하시는 하나님을 보여 주고 오직 하나님을 의뢰하여 살면서 도리어 우리가 구해야 할 것은 하늘 양식이라는 것입니다.

그런데 우리들은 거꾸로 살고 있는 것을 깨달아야 할 것 같습니다.

우리의 삶은 온통 무엇을 먹을까 무엇을 입을까 무엇을 마실까에 매달려 살아가는 경우가 대부분 아닙니까?

여러분의 삶은 어떠합니까?

하나님이 여러분의 삶을 보장하고 계십니다.

오히려 하나님의 양식, 영적 양식을 구하는데 여러분의 삶의 중심을 세우기 바랍니다.

예수님은 금식 후 마귀의 시험을 받을 때에 이 말씀을 인용 하여 사탄을 물리치셨습니다.

마 4:4, 예수께서 대답하여 가라사대 기록되었으되 사람이 떡으로만 살것이 아니요 하나님의 입으로 나오는 모든 말씀으로 살 것이라 하였느니라 하시니

그러므로 우리가 일용할 양식을 구한다는 것은 일용할 양식을 하나님이 공급해 주신다는 신앙 고백이며 따라서 더욱 사모하는 것은 도리어 영적인 양식, 하나님의 말씀을 구하는 삶을 살아 간다는 뜻입니다.

일용할 양식을 구하는 기도는 그러므로 보다 영적인 삶을 구한다는 의미가 되기도 합니다.

성경이 권하고 있는 것처럼 우리는 신령한 말씀의 양식을 구하고 말씀의 양식을 먹는 영적 생활이 되어야 합니다.

기도와 더불어 말씀묵상의 삶을 살아야 되겠지요?

벧전 2:2, 갓난 아이들 같이 순전하고 신령한 것을 사모하라 이는 이

로 말미암아 너희로 구원에 이르도록 자라게 하려 함이라"

"우리"의 양식을 위하여 기도한다

그러나 일용할 양식을 구하는 기도가 육신의 양식과 필요를 하나님께 구하고 영혼의 양식을 구하는 것으로 완성되는 것이 아닌 것 같습니다.

우리는 이 기도가 하나님 나라를 구하는 기도라는 전제하에 배우고 있는 중입니다.

이 기도가 하나님 나라를 위한 기도이며 하나님 나라는 개인적인 사건이나 개인적 체험으로 완성되는 것이 아니라 공동체적으로 완성된다는 사실을 이해하게 되면 일용할 양식을 구하는 기도는 영육간 각자의 필요를 구하는 기도 이상의 기도임을 이해하게 될 것입니다.

즉 오늘날 '우리'에게 양식이 있게 해 달라고 기도하는 것입니다. '우리'는 복수이며 이는 단순히 우리 가정의 의미가 아닙니다.

이 '우리 속에는 더 많은 사람들이 포함된다는 것을 알아야 합니다.

이 지구촌에는 일용할 양식이 없어 죽어가는 사람들이 얼마나 많은지 모릅니다.

지구촌에서 년간 굶어서 죽는 사람이 1300만 명이나 된다고 합니다. 이는 1분당 24명 꼴로 굶어 죽고 있다는 사실입니다. 이들에게도 일용할 양식이 필요합니다.

이들을 포함한 '우리에게 일용할 양식을 주옵소서' 하고 기도해야 합니다.

지구촌에는 또한 영적으로 굶주리는 사람이 많습니다.

이미 말한대로 24000종족 중 약8000종족에게는 그들 종족을 위한 교회가 없고 선교사도 없습니다.

지구촌의 6700여 언어 중 3700여 언어로는 번역된 성경이 없습니다. 저들은 영적인 양식을, 일용할 양식으로 얻지 못하고 있습니다. 이들을 포함한 '우리에게 일용할 양식을 주소서' 라고 기도해야 합니다.

누가복음에서는 주기도문을 가르치신 후에 예수님께서 기도에 관한 교훈을 더하셨는데 거기서 기도의 내용을 보면 일용할 양식을 구하는 기도의 넓은 차원을 보여줍니다.

눅 11:5, 또 이르시되 너희 중에 누가 벗이 있는데 밤중에 그에게 가서 말하기를 벗이여 떡 세 덩이를 내게 빌리라

6, 내 벗이 여행 중에 내게 왔으나 내가 먹일 것이 없노라 하면

7, 저가 안에서 대답하여 이르되 나를 괴롭게 하지 말라 문이 이미 닫혔고 아이들이 나와 함께 침소에 누웠으니 일어나 네게 줄 수가 없노라 하겠느냐

8, 내가 너희에게 말하노니 비록 벗됨을 인하여서는 일어나 주지 아니할지라도 그 강청함을 인하여 일어나 그 소용대로 주리라

여기서 보면 여행 중에 온 친구를 먹일 양식이 없어서 이웃에게 가서 떡 세 덩이를 구하는 일을 위하여 강청하는 것을 볼 수 있습니다.

이것이 일용할 양식을 구하는 기도의 차원입니다.

주변에 일용할 양식이 없어 고통 하는 이웃을 위해 중보하고 지구촌의 영육간 굶주리는 형제들을 위하여 기도하는 것입니다. 이것이 하나님 나라를 구하는 기도이지요.

멀리는 온 세계, 천하만민, 모든 족속에게 양식이 있기를, 영적 양식과 육신의 양식이 있기를 위하여 기도해야 하겠거니와 조금 가깝게 생각하면 우리의 동포인 북한 형제들은 영적으로 굶주릴 뿐 아니라 육신적으로도 굶어 죽는 민족이 되었습니다. 저들에게도 일용할 양식을 주시라고 기도하고 우리에게 넘치도록 주신 것을 나눌 수 있기를 기도해야 합니다.

더 가깝게는 우리 주변의 사람들, 소년 소녀 가장들, 무의탁 노인들, 장애자들, 실직자, 노숙자들에게도 일용할 양식이 있게 해 달라고 기도해야 할 것입니다.

"일용할 양식"의 라이프스타일로 살기를 위하여 기도한다

일용할 양식을 구하는 기도는 이제 일용할 양식으로 살아가는 믿음과 라이프스타일로 살 것을 다짐하며 그렇게 되기를 기도하는 것입니다.

이 진리를 이해하기 위하여 다시 만나로 일용할 양식을 공급하시던 사건을 회상하십시다.

성경은 짝이 있는 것인데 일용할 양식에 대한 해석의 빛을 주는 짝은 만나 공급 사건입니다.출 16:16-20

여기에 두 가지 교훈과 원리가 있습니다

첫째는 일용할 양식으로 자족하고 감사하는 생활입니다.

출애굽 시에도 내일을 염려하는 사람들, 또 쌓아놓고 살려는 사람들이 있었습니다.

하나님은 일용할 양식으로 공급하시겠다고 하였음에도 불구하고 나가서 많이 거두어다가 다음 날까지 쌓아두려고 하였습니다. 그러나 하나님은 일용할 양식으로 만족하라 하셨고 남겨둔 것은 썩어버렸습니다.

그래서 이스라엘은 철저하게 일용할 양식으로 감사하며 살아가는 라이프스타일을 훈련 받게 되었습니다.

오늘날 우리가 일용할 양식을 구하는 기도를 드리며 산다는 것은 무슨 의미가 있겠습니까?

바로 이 일용할 양식의 라이프스타일로 살아 간다는 것입니다. 일용할 양식의 라이프스타일이란 일용할 양식으로 자족하며 감사하며 살아가고 쌓아 놓으려 하지 않는다는 것입니다.

성경은 그 어디에서도 소유를 쌓아 놓고 살아가는 인생관을 가르치지 아니합니다.

도리어 일용할 양식으로 자족하고 감사하며 그 이상의 것은 쌓아두기 보다는 의미 있는 일에 봉사하라고 가르칩니다.

재산 문제로 형제가 싸우다가 예수님께 재판해 달라는 부자 형제를 향하여 주님은 '삼가 모든 탐심을 물리치라 사람의 생명이 그 소유의 넉넉한 데 있지 아니하니라' 눅12:15하시고 소유를 쌓아두고 하나님 없이 살아가는 부자의 비유를 가르치셨습니다.

> 눅 12:16, 또 비유로 저희에게 일러 가라사대 한 부자가 그 밭에 소출이 풍성하매
>
> 17, 심중에 생각하여 가로되 내가 곡식 쌓아 둘 곳이 없으니 어찌할꼬 하고
>
> 18, 또 가로되 내가 이렇게 하리라 내 곡간을 헐고 더 크게 짓고 내 모든 곡식과 물건을 거기 쌓아 두리라
>
> 19, 또 내가 내 영혼에게 이르되 영혼아 여러 해 쓸 물건을 많이 쌓아 두었으니 평안히 쉬고 먹고 마시고 즐거워하자 하리라 하되

20, 하나님은 이르시되 어리석은 자여 오늘 밤에 네 영혼을 도로 찾으리니 그러면 네 예비한 것이 뉘 것이 되겠느냐 하셨으니

21, 자기를 위하여 재물을 쌓아 두고 하나님께 대하여 부요치 못한 자가 이와 같으니라

잠언에서는 일용할 양식의 라이프스타일을 위해 이렇게 기도합니다.

잠 30:8, 곧 허탄과 거짓말을 내게서 멀리 하옵시며 나로 가난하게도 마옵시고 부하게도 마옵시고 오직 필요한 양식으로 내게 먹이시옵소서

9, 혹 내가 배불러서 하나님을 모른다 여호와가 누구냐 할까 하오며 혹 내가 가난하여 도적질하고 내 하나님의 이름을 욕되게 할까 두려워함이니이다

바울 사도는 일용할 양식의 라이프스타일을 이렇게 가르쳤습니다

딤전 6:6, 그러나 지족하는 마음이 있으면 경건에 큰 이익이 되느니라

7, 우리가 세상에 아무것도 가지고 온 것이 없으매 또한 아무것도 가지고 가지 못하리니

8, 우리가 먹을 것과 입을 것이 있은즉 족한 줄로 알 것이니라

9, 부하려 하는 자들은 시험과 올무와 여러 가지 어리석고 해로운 정욕에 떨어지나니 곧 사람으로 침륜과 멸망에 빠지게 하는 것이라

10, 돈을 사랑함이 일만 악의 뿌리가 되나니 이것을 사모하는 자들이 미혹을 받아 믿음에서 떠나 많은 근심으로써 자기를 찔렀도다

성경은 "부자 되기에 애쓰지 말라"잠 23:4고 가르칩니다.

성경이 가르치는 라이프스타일은 일용할 양식의 라이프스타일입니다.

만나는 다음 날까지 두면 썩었습니다.

우리가 재물을 쌓아 두면 썩는 양식이 될지 모릅니다.

아마도 영혼이 썩는 일이 될지도 모르지요.

우리가 부자가 되려 한다면 쌓아두기 위해서가 아니고 오직 친구를 위해 떡 세 덩이를 구하는 것이어야 합니다.

그러므로 둘째는 나눔과 선교의 라이프스타일입니다

만나 공급 시에 많이 거둔 자도 남지 아니하였고 적게 거둔 자도 모자라지 아니하였다고 하였습니다.

이는 하나님이 직접 공급하시고 분배하던 시절이었기에 식구 수대로 평균하게 나누게 되었다는 것입니다.

우리가 일용할 양식을 위하여 기도할 때 바로 나에게 일용할 양식보다 더 많이 주신 것은 모자라는 다른 형제의 몫임을 인식하

는 삶의 태도가 되어야 한다는 것입니다.

  바울 사도는 유대에 굶주리는 형제들을 고린도 교회가 살리기 위하여 나누어야 한다고 말할 때 바로 이 출애굽 시 만나 공급과 분배의 원리를 들어 설명하였습니다.

  고후 8:14, 이제 너희의 유여한 것으로 저희 부족한 것을 보충함은 후에 저희 유여한 것으로 너희 부족한 것을 보충하여 평균하게 하려 함이라

  15, 기록한 것같이 많이 거둔 자도 남지 아니하였고 적게 거둔 자도 모자라지 아니하였느니라

  그러므로 '일용할 양식을 주옵소서' 라고 기도하는 자에게 일용할 양식보다 더 주신 것은 모자라는 자를 위하여 주신 것이며 평균케 하려는 하나님의 뜻을 따르도록하는 기도입니다. 종교 개혁자들인 요한 칼빈과 요한 웨슬레는 우리에게 일용할 양식에 넘치는 재물을 주신 것은 다른 사람의 몫을 관리하도록 주신 것이므로 가난한 이웃에게 나누어야 한다고 가르쳤는데 성경의 원리를 바로 이해한 선배들의 가르침이라고 봅니다.

  '일용할 양식을 주옵시고' 라고 기도하는 사람들은 일용할 양식보다 더 주신 하나님의 선물은 다른 사람의 일용할 양식인줄 알아서 나누는 생활 스타일을 가져야 합니다.

만일 우리가 부자가 되려고 한다면 단순히 부자 되려는 욕망은 성경적으로 용납되지 아니하며 하나님이 축복하시거나 보장하시지 아니합니다.

다만 부자 되려고가 아니라 가난한 사람들의 몫을 담당하려는 사람들에게 하나님은 일용할 양식에 넘치는 재물을 주실 것입니다.

성경은 그것을 명령하고 있기도 합니다.

> 엡4:28. 도적질하는 자는 다시 도적질하지 말고 돌이켜 빈궁한 자에게 구제할 것이 있기 위하여 제 손으로 수고하여 선한 일을 하라

성경은 또한 일용할 양식보다 넘치는 부를 가진 부자들에게 여전히 하나님께만 소망을 두라 하십니다.

일용할 양식을 공급하시는 하나님 자신으로 부를 삼는 것입니다. 그리고는 부를 가지고 선한 일을 행하고 선한 사업에 부하고 나눠주고 동정하라고 명령하고 있습니다.

> 딤전 6:17, 네가 이 세대에 부한 자들을 명하여 마음을 높이지 말고 정함이 없는 재물에 소망을 두지 말고 오직 우리에게 모든 것을 후히 주사 누리게 하시는 하나님께 두며
>
> 18, 선한 일을 행하고 선한 사업에 부하고 나눠주기를 좋아하며 동정하는 자가 되게 하라

19, 이것이 장래에 자기를 위하여 좋은 터를 쌓아 참된 생명을 취하는 것이니라

또한 이것은 영적으로도 동일하게 적용됩니다.

우리는 영적으로 굶주린 형제들을 위하여 선교하는 삶, 복음을 전하는 라이프스타일을 가져야 합니다.

이것이 '일용할 양식을 주옵시고' 라고 기도하는 사람들의 기도의 열매입니다.

이 기도와 라이프스타일은 개인의 기도와 라이프스타일일 뿐 아니라 교회의 기도이며 교회의 라이프스타일이기도 합니다.

여러분 부자가 되고 싶지 아니합니까?

부자는 하나님이 주신 선물로 부자가 되어야 합니다.

부자 되려고 돈을 따라 다니는 삶이 아니기를 바랍니다.

이미 주시어 누리게 하시는 하나님께 감사하고 필요를 따라 하나님께 구하면서 성실하게 살고 일용할 양식 이상으로 주시는 것에 대해서는 누구의 몫인지 하나님께 여쭈어 보면서 이웃을 돕고 나누며 살아 갈 수 있기를 바랍니다.

부담이 되시나요?

축복의 언어로 들으시기를 기원합니다.

우리 죄를 사하소서

우리 죄를 사하소서

마 6:12, 우리가 우리에게 죄 지은 자를 사하여 준것 같이 우리 죄를
사하여 주옵시고

죄를 사하여 주옵소서

이제 우리는 죄를 사하여 달라는 기도를 하라고 가르침을 받고
있습니다.

우리가 날마다 처음 회개할 때처럼 눈물로 회개하는 일을 계속
해야 한다는 뜻은 아닐 것입니다. 그러나 우리가 구원 받은 후에
도 알게 모르게 죄에 이끌리거나 죄를 범하는 경우가 있을 수 있
습니다. 그런데 이 죄는 하나님과 교제하는 일에 장애가 되고 걸
림돌이 됩니다. 그러므로 늘 자신을 돌아보는 기도의 자리에서 자

신을 주님의 사죄의 손에 올리는 기도를 하라고 하시는 것입니다.

죄는 하나님과 우리의 사이를 갈라놓는 요인이며 하나님과의 교제를 단절시키는 요인입니다. 그러므로 우리는 죄를 씻어 정하게 함으로 주님과의 교제에 장벽이 없어야 합니다.

죄가 아담과 하와에게 들어 왔을 때 그들은 하나님을 두려워하였으며 하나님은 에덴에서 그들을 축출함으로서 하나님과 인간의 교제는 깨져버리고 말았습니다.

창 3:10, 가로되 내가 동산에서 하나님의 소리를 듣고 내가 벗었으므로 두려워하여 숨었나이다

우리가 회개하면 주님의 보혈로 사죄의 은총을 받아 하나님과의 교제가 회복 되지만 죄와 불신앙은 하나님과의 교제를 단절시킵니다.

하나님의 부름을 받고 하나님의 특별한 선민이 된 아브라함은 하나님과 교제가 이루어졌으나 한 번의 불신앙에 때문에 13년간 하나님의 침묵을 견뎌야 했습니다.

인간적인 생각으로 하갈을 취하여 이스마엘을 낳은 후에 하나님은 아브라함을 향하여 13년 간이나 침묵하셨었습니다.창 16:16, 17:1 그러므로 하나님의 거룩하심을 따라 우리도 거룩할 것을 요구하십니다.

빛이신 거룩하신 하나님과의 교제가 계속 되기 위해서는 빛 가운데 살아야 하고 죄는 씻어 정하게 해야 합니다.

우리가 구원 받은 이후에도 죄를 지을 가능성이 있기에 그때 그때 고백하고 죄 씻음을 받아야 합니다.

빛과 어두움은 함께 공존할 수 없습니다.

우리는 빛 되신 하나님과 교제하기 위하여 거룩한 삶을 지속해야 합니다. 그래서 혹 세상에서 죄를 짓거나 죄에 물들면 곧 주님께 고백하여 씻음 받고 하나님과의 교제가 회복되게 해야 합니다.

요일 1:5, 우리가 저에게서 듣고 너희에게 전하는 소식이 이것이니 곧 하나님은 빛이시라 그에게는 어두움이 조금도 없으시니라

6, 만일 우리가 하나님과 사귐이 있다 하고 어두운 가운데 행하면 거짓말을 하고 진리를 행치 아니함이거니와

7, 저가 빛 가운데 계신 것같이 우리도 빛 가운데 행하면 우리가 서로 사귐이 있고 그 아들 예수의 피가 우리를 모든 죄에서 깨끗하게 하실 것이요

8, 만일 우리가 죄 없다 하면 스스로 속이고 또 진리가 우리 속에 있지 아니할 것이요

9, 만일 우리가 우리 죄를 자백하면 저는 미쁘시고 의로우사 우리 죄를 사하시며 모든 불의에서 우리를 깨끗케 하실 것이요

우리는 거룩하신 주님 앞에서 티나 주름잡힌 것이나 죄악이 있는지 살펴보고 회개할 것이 있으면 즉시 회개하여 주님과의 교제의 즐거움을 지속해야 합니다.

주님, 나의 죄악이나 허물을 깨닫게 하시고 회개의 영으로 임하셔서 죄는 용서하시고 씻어 거룩케 하시고, 나에게서 주의 성신을 거두어 가지 마소서.

우리 죄를 사하소서

여기서 한 가지 우리가 기억해야 할 것은 주기도문은 하나님 나라를 위한 기도문이요, 하나님 나라는 공동체적으로 경험되어야 한다는 점입니다.

따라서 죄 사함의 기도도 나 개인의 죄만 사함 받기 위해 기도하는 것이 아니라 다른 사람의 죄 사함을 위해서도 특히 공동체의 죄 사함을 위해서도 기도해야 합니다.

원칙적으로 죄의 회개는 각자 하는 것이지만 하나님은 공동체적인 죄를 사하여 달라고 기도하기를 명령하십니다.

다른 이의 죄도 곧 나의 죄로 알고 회개 하고 사함 받기를 간구하는 것입니다.

모세가 어떻게 이스라엘 백성의 공동체적 죄를 용서해 달라고 기도했는지 살펴봅시다.

출 32:11, 모세가 그 하나님 여호와께 구하여 가로되 여호와여 어찌하여 그 큰 권능과 강한 손으로 애굽 땅에서 인도하여 내신 주의 백성에게 진노하시나이까

12, 어찌하여 애굽 사람으로 이르기를 여호와가 화를 내려 그 백성을 산에서 죽이고 지면에서 진멸하려고 인도하여 내었다 하게 하려 하시나이까 주의 맹렬한 노를 그치시고 뜻을 돌이키사 주의 백성에게 이 화를 내리지 마옵소서

사무엘 또한 이스라엘의 죄를 위하여 중보하며 사함 받기를 기도한 것을 보여주고 있습니다.
특히 사무엘은 백성을 위하여 사죄하고 중보 하는 기도를 쉬는 죄를 범하지 않겠다고 다짐하는 것을 볼 수 있습니다.

삼상 7:5, 사무엘이 가로되 온 이스라엘은 미스바로 모이라 내가 너희를 위하여 여호와께 기도하리라 하매

6, 그들이 미스바에 모여 물을 길어 여호와 앞에 붓고 그 날에 금식하고 거기서 가로되 우리가 여호와께 범죄하였나이다 하니라 사무엘이 미스바에서 이스라엘 자손을 다스리니라

삼상 12:23, 나는 너희를 위하여 기도하기를 쉬는 죄를 여호와 앞에

결단코 범치 아니하고 선하고 의로운 도로 너희를 가르칠 것인즉

느헤미야의 이스라엘 공동체의 죄를 회개하는 기도는 모든 신실한 그리스도인과 특히 지도자의 공동체적 짐을 지는 모델이 됩니다.

느헤미야는 민족 공동체의 죄를 짊어지고 금식하고 울며 기도하면서 용서해 주시기를 간구합니다.

느 1:6, 이제 종이 주의 종 이스라엘 자손을 위하여 주야로 기도하오며 이스라엘 자손의 주 앞에 범죄함을 자복하오니 주는 귀를 기울이시며 눈을 여시사 종의 기도를 들으시옵소서 나와 나의 아비 집이 범죄하여

7, 주를 향하여 심히 악을 행하여 주의 종 모세에게 주께서 명하신 계명과 율례와 규례를 지키지 아니하였나이다

한번은 TV에 외국인 근로자들이 인간 대우를 받지 못하고 노동을 착취 당하고 몸까지 다쳐서 장애인이 된 것을 방영해 주는 것을 보았습니다. 그 때 내 마음 속에 저런 나쁜 사람들, 저런 이기주의자, 저런 악한 사람들이 있단 말인가 생각하며 분노를 느꼈습니다.

그 때 성령께서 내 마음을 책망하며 회개하라고 감동하였습니

다. "오, 하나님 이 민족의 죄를 사하소서.

이 민족이 악하여 외국인 근로자의 인권을 유린하고 노동 착취를 하고 비 인간적인 대우로 나그네를 대하고 있는 죄를 사하소서"라고 부르짖게 하셨습니다. '우리의 죄'를 용서해 달라고 기도하는 기도를 주님은 가르치고 있는 것입니다.

이 백성의 이기적이고 악한 삶을 용서해 주시기를 기도해야 합니다. 우리가 교회에서 지도자나 다른 형제의 죄를 발견하면 어떻게 합니까?

그들의 죄 사함을 위하여 기도해야 합니다.

우리 가족의 죄를 용서하시기를 기도하고 형제와 동료의 죄도 용서하시기를 위하여 기도해야 합니다.

여러분 누군가의 죄를 보면 어찌 하렵니까?

먼저 비방하고 욕하고 또는 널리 남의 허물을 알리는 일부터 하지 말기를 바랍니다. 그의 죄도 나의 죄, 또는 우리의 죄로 짊어지고 하나님께서 용서하시기를 기도하는 일로 접근하기를 바랍니다. 그럴 때에 우리는 천국을 이루는 기도자가 될 것입니다.

우리에게 죄지은 사를 사하여 준 것 같이

그런데 죄 사함을 위해 기도할 때 '우리가 우리에게 죄 지은 자를 사하여 준 것 같이' 용서하여 달라고 기도하라고 하십니다.

이것은 무슨 의미입니까?

여기에는 두 가지 적용할 점이 있는 것 같습니다.

하나는 내가 나에게 죄지은 자, 즉 나에게 해를 끼치거나 상처 준 자를 용서 하오니 나의 죄도 용서해 달라는 기도일 것입니다. 이는 하나님의 끝 없는 용서를 바탕으로 살아가는 우리로서는 우리도 남을 용서하며 산다는 것을 인식한 기도가 될 것입니다.

우리가 얼마나 용서를 바탕으로 살고 있는지 아십니까?

우리는 2중으로 용서의 은혜를 입고 사는 사람들입니다.

우선 이 땅에 인류의 역사가 존재한다는 자체가 하나님의 너그러운 용서의 바탕에 서 있습니다.

이미 이야기 한 적이 있는 노아 홍수 이야기를 다시 상기합시다. 하나님이 인간의 죄가 심하여 노아 홍수 심판을 행하신 적이 있습니다.

그래서 당시 존재하는 모든 인간들을 노아 가족 외에는 물로 다 쓸어 버리는 심판을 행하셨습니다.

그리고 나서 노아의 제물을 흠향하시면서 하신 말씀이 있는데 그것은 다시는 인간을 단번에 물로 쓸어 버리는 심판을 행하시지 않겠다는 것입니다.

왜냐하면 인간이 어려서부터 악하다는 것 때문입니다.

악하니까 심판을 행하지 않겠다는 것입니다.

이게 무슨 말입니까?

악한 인간들 심판하기로 하면 날마다 심판이요, 전멸하는 일 밖에 없으므로 악한 것을 그대로 인정하고 살도록 하며 번성하도록 하겠다는 뜻입니다.

창 8:21, 여호와께서 그 향기를 흠향하시고 그 중심에 이르시되 내가 다시는 사람으로 인하여 땅을 저주하지 아니하리니 이는 사람의 마음의 계획하는 바가 어려서부터 악함이라 내가 전에 행한 것같이 모든 생물을 멸하지 아니하리니

22, 땅이 있을 동안에는 심음과 거둠과 추위와 더위와 여름과 겨울과 낮과 밤이 쉬지 아니하리라

오늘날 모든 인류는 기본적으로 하나님의 용서와 눈 감아주신 은혜로 살고 있습니다.

그래서 사실은 이 땅에서 악한 자가 더 잘 사는 것 같이 보이는 것도 사실입니다.

하나님이 악한 자도 잘 살라고 하셨습니다.

우리는 우리의 잣대로 재고 사람을 판단하면서 악한 자가 어찌 더 잘 사느냐고 불평하고 원망할 수 있으나 하나님은 악한 자도 잘 살라고 악한 줄 알면서 잘 살라고 인간 역사를 인정하시고 축복 하셨단 말입니다.

그 뿐인가요?

우리 구원 받은 사람들은 이 모든 인간이 받고 있는 일반적인 은혜에다가 또 특별한 은총을 다시 입어 구원 받고 천국 백성이 되었습니다.

예수 그리스도의 보혈의 공로로 사죄함을 받아 하나님의 자녀가 되고 천국 백성이 되었습니다.

이 또한 하나님의 용서에 근거하여 받은 선물입니다.

롬 3:24, 그리스도 예수 안에 있는 구속으로 말미암아 하나님의 은혜로 값없이 의롭다 하심을 얻은 자 되었느니라

엡 1:7, 우리가 그리스도 안에서 그의 은혜의 풍성함을 따라 그의 피로 말미암아 구속 곧 죄 사함을 받았으니

이렇게 이중으로 용서를 경험하며 살아가는 우리 그리스도인들은 인간 관계에서도 용서를 바탕으로 화평을 이루며 살도록 하나님께 부름 받고 있습니다.

그러므로 우리도 남을 용서하는 삶을 살아야 한다는 것입니다.

마18장 24-35의 말씀을 보면,

일만 달란트 빚진 자가 빚을 갚을 길이 없자 주인이 탕감해 주었는데, 즉 갚을 길 없는 빚을 면제하여 주었는데 면제 받은 그 사람은 자기의 친구에게 작은 빚 놓은 것을 갚지 않는다고 때리고

감옥에 가두는 일을 하게 된다면 일만 달란트 탕감해 준 주인이 이 소식을 들으면 어찌하겠느냐?

다시 불러다 갚으라 하지 않겠느냐는 비유를 들어 하나님께 이중으로 큰 용서를 받고 살아가는 우리가 서로 용서하지 못하면 어떻게 하나님께 받아들여지겠느냐고 교훈하시는 것을 볼 수 있습니다.

그러므로 우리는 남을 용서하는 기도를 해야 합니다.

또 하나의 적용은 나에게 상처 준 사람을 내가 용서하오니 하나님도 그를 용서해 달라고 기도하는 것입니다.

이렇게 되면 하나님이 나도 용서 하시고 그도 용서하시고 우리를 용서하시게 되는 것 아니겠습니까?

하여튼 우리 죄를 사하여 달라고 할 때는 언제나 나도 남을 용서한다는 것을 전제로 하여 기도할 정도로 용서의 삶을 바탕으로 하여 주님의 용서를 구하고 주님의 은총을 구하는 것이 되어야 한다는 것을 가르치는 것입니다.

용서를 삶의 바탕으로 이해하십시오.

용서하며 살고 용서하며 기도하십시오.

남을 용서하지 않으면 우리의 기도가 막히게 됩니다.

예수님은 그래서 하나님께 제물을 드리기 전에 화해하고 드리라고 하십니다.

그리고 우리가 남을 용서하지 않으면 하나님도 용서하지 않겠다고 말씀 하십니다.

마 5:23, 그러므로 예물을 제단에 드리다가 거기서 네 형제에게 원망
들을 만한 일이 있는 줄 생각나거든

24, 예물을 제단 앞에 두고 먼저 가서 형제와 화목하고 그 후에 와서
예물을 드리라

마 6:14, 너희가 사람의 과실을 용서하면 너희 천부께서도 너희 과실
을 용서하시려니와

15, 너희가 사람의 과실을 용서하지 아니하면 너희 아버지께서도 너
희 과실을 용서하지 아니하시리라

막 11:25, 서서 기도할 때에 아무에게나 혐의가 있거든 용서하라 그
리하여야 하늘에 계신 너희 아버지도 너희 허물을 사하여 주시리라
하셨더라

이미 하나님의 이중적 용서로 복을 누리고 구원을 누리는 우리
로서는 이제 우리가 남을 용서하지 않는다면 하나님도 이후로는
용서하지 않겠다고 하시는 말씀을 들어야 합니다.

용서의 은혜로 살고 구원 받은 우리는 용서를 삶의 바탕으로
해야 한다는 말입니다.

하나님이 용서하지 않으시면 정말 망하지 않을 사람이 어디 있

겠습니까? 그러므로 이미 팔 복에서 긍휼히 여기는 자가 복이 있다 하지 않았습니까?

용서하며 용서를 빌면서 살아가는 것입니다.

화평의 공동체를 위하여 기도하시기 바랍니다.

시험에 들게 하지 마옵시고

시험에 들게 하지 마옵시고

마 6:13, 우리를 시험에 들게 하지 마옵시고

시험이 있는 세상

우리가 살고 있는 세상은 늘 시험이 있는 세상입니다.

시험이란 무엇이겠습니까?

'시험에 들게 하지 마옵시고'에서

시험이란 단어 헬라어 페이라스몬$\pi\epsilon\iota\rho\alpha\sigma\mu\acute{o}\nu$은 죄에로의 유혹 영어표기로 템프테이션temptation이란 의미와 어려운 시련 즉 트라이얼trial이란 의미로 사용되는 말로서 영적으로 하면 두 경우 다 결국은 우리의 믿음을 약화시키고 불신앙에 빠지게 하며 죄에 빠지게 하려는 시험입니다. 우리가 살고 있는 세상은 사탄의 활동 무

대이기도 하기 때문에 늘 악한 영의 시험이 우리에게 다가올 수 있습니다.

마귀가 우리를 삼키려고 기회를 엿보는 세상이기에 우리는 늘 악한 영의 시험에 노출되어 살고 있습니다.

> **벧전 5:8**, 근신하라 깨어라 너희 대적 마귀가 우는 사자같이 두루 다니며 삼킬 자를 찾나니

이 사실을 우선 인식하는 것이 필요합니다.

우리가 영적으로 깨어 있어 대적하며 사탄의 유혹에 넘어가지 않도록 해야 합니다.

이 기도는 시험이 상존하는 세상에서 시험에 들지 않기를 위하여 기도하는 것입니다.

시험에 들지 않기를

'들게 하지 마옵시고' 의
헬라어 메 에이세네그케스 μὴ εἰσενέγκῃς는
메 μη는 '아니하다' 라는 뜻이고
에이스네그케스 εἰσενέγκῃς는 '안으로 들어가다'
라는 뜻으로 시련이나 유혹은 밖에서 일어나고 있다는 것입니

다. 시험이나 시련이 내게 닥쳐서 내가 시험과 시련에 의해 고통을 당한다 하더라도 영적으로는 승리할 수 있습니다.

여기서 시험에 든다는 말은 시험을 받고 있거나 시련을 당하고 있다는 것이 아니고 시련과 유혹에 의하여 그 시련이나 유혹에 빠져 영혼이 자유를 잃어버렸다는 것을 의미합니다. 그러므로 이 기도는 시련이나 유혹이 없기를 기도하는 것이 아닙니다.

만일 시련이나 유혹이 없는 세상이라면 이 세상은 세상이 아니고 온전한 천국일 것입니다.

그러므로 이 기도는 시련이 있는 세상일지라도, 유혹이 있는 세상일지라도 그 시련이나 유혹에 빠져들어 시련이나 유혹을 통하여 이루려는 사탄의 전략 안으로 들어가지 않는 것을 위한 기도입니다.

시련은 있습니다.

유혹도 있습니다.

즉 시험은 언제나 있을 수 있습니다.

그러나 그 시험에 빠지지 아니하면 됩니다. 그리고 이 시험에 빠지지 않기를 위하여 날마다 기도하라는 것입니다.

시험에 빠지는 것과 빠지지 않는 것의 차이는 처음 사람 아담과 둘째 사람 예수님을 대조해서 묵상해 보면 이해가 될 것입니다.

사탄은 하와와 아담을 시험하였습니다.

하나님의 말씀을 불신하도록 의심을 심고 교만한 마음을 부추켜서 마침내 하나님의 말씀을 불신하도록 유혹합니다.

하와와 아담은 한 걸음 한 걸음 사탄의 시험 속으로 들어갑니다. 선악과를 따 먹으면 '정녕 죽으리라' 는 하나님의 말씀을 불신하고 '결코 죽지 아니하리라' 고 유혹하는 사탄의 말에 귀를 기울여 하와는 그 시험 안으로 들어갑니다.

한 발자국 따라 들어간 하와는 그 열매를 먹으면 하나님과 같이 될 것이라는 유혹에 열매를 쳐다봅니다. 열매는 먹음직하고 보암직 하고 지혜롭게 할만큼 탐스럽기도합니다. 마침내 유혹하는 사탄을 따라 시험에 들어간 하와는 열매를 따 먹게 됩니다. 창 3:1-6

사탄의 유혹과 시험은 옛날이나 지금이나 있게 마련입니다. 하나님의 말씀에 서 있지 않으면 시험에 들게 됩니다.

시험에 들지 않도록 기도하며 깨어 있어 스스로에게 정지 명령을 내릴 수 있어야 합니다.

예수님도 마귀에게 시험을 받았습니다.

그러나 예수님은 하와와 아담과는 달리 시험에 들지 않았습니다. 하나님께서는 아담과 하와가 시험에 들므로 타락하고 죄에 빠진 것과 대조적으로 구원자로 오신 예수님이 똑 같은 시험에 직면하지만 시험에 들지 않는 승리의 대조를 보여주시려고 하신 것 같습니다.

금식하며 기도한 후 배고픈 틈을 이용해서 예수님을 말씀 중심의 삶보다 육신의 양식이 더 중요하다고 유혹합니다.

그러나 예수님은 그 시험에 들지 않고 유혹을 거부합니다.

말씀으로 살 것이라고 응답합니다.

명예와 인기로 유혹합니다. 그러나 예수님은 명예와 인기라는 유혹과 시험에도 들지 않습니다.

부와 권세로도 유혹하지만 하나님을 섬기는 일과 바꾸지 않겠다고 하십니다. 마4:1-11

시험에 들지 않고 시험을 자기 밖으로 밀어내십니다.

주님은 말씀으로 무장 되어 있음을 보여줍니다.

시험은 언제나 있을 수 있습니다.

그러나 시험에 들어서는 안 됩니다.

그러기 위하여 기도함으로 깨어 있고 말씀으로 무장되어야합니다. 매일 말씀과 기도로 하나님의 뜻을 헤아리고 그 분 안에 있을 때 시험에 들지 않고 승리하는 삶을 살 수 있는 것입니다.

자, 이제 시험에 드는 일과 들지 않는 것의 차이를 보게 되었지요?

매일 밀려 드는 세속적 유혹과 시험에 들지 않도록 기도하며 말씀과 성령에 이끌리고 주님의 보호 받기를 위하여 기도하고 영적인 각성 가운데 살아야겠습니다.

시험이 오는 길목

'시험에 들지 않기를' 위하여 기도하는 동안 우리 자신이 시험에 들지 않도록 영적으로 각성하고 세상과 세상의 신 사탄의 유혹에 대비하고 사탄이 우리의 마음과 정신에 침투해 들어올 길을 차단하는 것이 필요합니다.

일반적으로 시험에 들기 쉽도록 유혹하는 요소, 시험이 오는 길목이라고 표현할 수 있는 것들에 유의할 필요가 있겠습니다.

위에 인용한 창세기의 아담의 타락 이야기와 예수님의 시험 이야기는 공통적인 시험의 길목을 잘 가르쳐 줍니다.

아담과 하와가 어떻게 시험에 들었습니까?

첫째는 하나님의 말씀에 대한 불신을 일으키는 것입니다. 하나님이 '정녕 죽으리라' 하신 말씀을 불신하도록 먹어도 '결코 죽지 아니하리라' 고 유혹하였던 것을 기억하십시오.

우리가 시험에 드는 것은 하나님의 말씀에 대한 불신에서부터 옵니다.

하나님의 말씀을 사랑하십니까?

하나님의 말씀을 읽고 묵상하십니까?

말씀에 순종하십니까?

말씀에서 떠나고 믿음에서 떠나게 하는 것이 마귀의 시험입니다. 반대로 예수님은 모든 시험에서 말씀으로 승리하는 것을 보여 주었습니다.

말씀에 굳건히 서야 합니다.

그러므로 우리는 말씀을 깨닫고 말씀에 순종하기 위하여 기도해야 합니다.

둘째는 교만과 명예욕 입니다.

마귀는 우리에게 교만한 마음을 충동질 하여 시험에 들게 하고 악에 빠지게 합니다.

아담의 경우 하나님과 같아질 것이라는 유혹에 솔깃하여 사탄의 충동에 넘어간 것입니다.

여러분 교회 생활에서도 잘난 체 하거나 남이 알아주지 않는다고 삐치거나 하지 말기 바랍니다.

남을 낮게 여기는 마음을 연습하십시오.

예수님의 경우는 성전 꼭대기에서 뛰어 내려 인기를 차지해 보라고 유혹한 바 있습니다.

명예와 인기에 대한 유혹에 넘어가지 않도록 주의 해야 합니다. 사람들이 죄로 정하기 어려우나 하나님 앞에서는 죄가 되고 천국 공동체에 해악을 끼치는 유혹이 명예욕입니다.

명예욕에 이끌리면 시험에 들기 쉽습니다.

셋째는 재물에 대한 욕망입니다.

돈에 집착하거나 부자가 되려고 하는 욕망은 쉽게 시험에 들게 되는 유혹입니다.

그래서 바울 사도는 부하려 하는 유혹을 물리치기를 권합니다.

딤전 6:9, 부하려 하는 자들은 시험과 올무와 여러 가지 어리석고 해로운 정욕에 떨어지나니 곧 사람으로 침륜과 멸망에 빠지게 하는 것이라

10, 돈을 사랑함이 일만 악의 뿌리가 되나니 이것을 사모하는 자들이 미혹을 받아 믿음에서 떠나 많은 근심으로써 자기를 찔렀도다

11, 오직 너 하나님의 사람아 이것들을 피하고 의와 경건과 믿음과 사랑과 인내와 온유를 좇으며

12, 믿음의 선한 싸움을 싸우라 영생을 취하라 이를 위하여 네가 부르심을 입었고 많은 증인 앞에서 선한 증거를 증거하였도다

넷째는 성적 유혹입니다.

사람은 각기 다른 이성에게 이끌리는 본성을 가지고 태어났습니다.

그것이 부부가 하나 되게 하는 힘입니다.

그러나 이 성적인 이끌림은 부부 외의 이성에게도 느끼게 된다는 것입니다.

에로스의 감정은 강렬하여 시험에 드는 사람들이 많습니다. 에로스의 감정은 아름답기는 하지만 이성으로 통제 되지 않으면 순간 시험에 들기도 하며 죄악에 빠지기도 하여 인생을 망하게도 합니다.

아름다운 것은 아름답게 지킬 때만 아름다운 것이 되지요. 부부간의 사랑을 원만하고 아름답게 가꾸어 이러한 유혹과 시험이 근접하지 못하게 해야 할 것입니다.

요셉이 성적 유혹에 어떻게 강력하게 대처하였는지를 생각해

보십시오.

하나님 앞에서 죄를 지을 수 없다고 뿌리치고 도망치는 요셉을 보면 하나님의 사람의 통제력을 실감하게 됩니다.

다섯째는 권세욕과 허영심입니다.

사람은 다른 사람을 지배하려는 욕구가 있고 다른 사람보다 위에 있고자 하며 자기 마음대로 다른 사람을 움직이고자 하는 욕망과 세상에서 잘났다, 최고다 하는 인정을 받고자 하는 욕구가 있습니다.

이러한 욕구들도 적절히 통제 되지 않으면 시험에 듭니다. 사탄이 예수님을 유혹할 때 천하만국을 보여 주고 다 줄 것이니 자기 말을 들으라고 하지 않습니까?

이에 비하여 제자들은 누가 크냐의 논쟁을 일삼으며 시험에 들어가는 모습을 보이고 있었음도 주목할 필요가 있습니다.

막 9:34, 저희가 잠잠하니 이는 노중에서 서로 누가 크냐 하고 쟁론하였음이라

세상 정욕에 이끌리면 시험에 들어 주님께로부터는 멀어지고 마귀에게 사로잡혀 끌려가는 불행한 인생이 됩니다.

요일 2:16, 이는 세상에 있는 모든 것이 육신의 정욕과 안목의 정욕

과 이생의 자랑이니 다 아버지께로 좇아온 것이 아니요 세상으로 좇
아온 것이라

말세에 사탄은 사람들의 마음을 미혹하며 시험하여 서로 미워
하게 합니다.

또 거짓선지자들이 그리스도인들을 그리스도의 신앙에서 떠나
게 하며 불법을 행하고 사랑이 식어지게 유혹하며 시험할 것이라
고 예수님은 경고 하신 바 있습니다. 그리고 많은 사람이 시험에
빠져 그렇게 악과 불법과 미움과 거짓으로 살게 될 것을 경고 하
고 계십니다. 날마다 깨어있어 기도해야겠습니다.

악에서 구하소서

악에서 구함 받기를 기도하는 것은 당연합니다.

우리가 악에 빠져 있을 때 구원을 요청하는 것은 당연한 일이
며 필요한 일입니다.

악이란 두 가지로 이해 할 수 있습니다.

하나는 우리에게 고통을 주어 패배 시키려는 외부로부터 오는
환경적 악이요, 또 하나는 우리의 영혼을 사로잡는 영적인 악, 즉
죄악 사탄의 압제입니다.

우리는 어떠한 악이든 즉 환경적 악이든 영적 악이든 악에서

벗어나야 하며 이를 위해 기도해야 됩니다. 그러나 이 문맥에서 우리가 '시험에 들지 않기를' 위하여 기도할 때 악에서 구하여 달라는 기도는 시험에 들어 있는 경우라도 건져 달라는 기도가 될 것입니다.

궁극적으로 악이란 악한자 The Evil 즉 사탄 자체인 것이고 사탄의 매임에서 풀려 나기를 기도하는 것입니다.

다윗의 경우와 같이 우리는 환경적, 외적 악의 억압으로부터 구해 달라고 기도할 수 있습니다.

다윗은 사울의 시기와 모략 속에서 목숨이 위태로운 시기도 있었고 나중에는 자기 아들 압살롬의 모반에 의하여 왕권과 생명이 위협을 받을 때가 있었습니다.

위기 때마다 다윗은 하나님께 부르짖었고 하나님은 부르짖음에 응답하시어 그를 구하여 주셨습니다

'나를 압제하는 악인과 나를 에워싼 극한 원수에게서 벗어나게? 하소서' 라고 기도하였고 '강한 원수와 미워하는 자에게서 건지셨음이여' 라고 응답된 것을 증거하고도 있습니다.

우리는 종종 이 세상을 살아가는 동안 원인이 어디서 왔던지간에 고통스럽고 염려스럽고 영혼조차 압박하는 어려움과 시련을 겪게 됩니다.

그러나 그런 때에 우리는 하나님께 기도할 수 있고 그러한 환경적 악에서 건져 달라고 부르짖을 수 있습니다.

시17:7, 주께 피하는 자를 그 일어나 치는 자에게서 오른손으로 구원하시는 주여 주의 기이한 인자를 나타내소서 나를 눈동자 같이 지키시고 주의 날개 그늘 아래 감추사 나를 압제하는 악인과 나를 에워싼 극한 원수에게서 벗어나게 하소서

그러나 그보다도 이제 진정 벗어나야 할 악은 영적 악입니다.

영적 악이란 시험에 들어서 죄 가운데 있는 상태를 의미합니다. 시험에 들지 아니하는 것이 중요하지만 일단 시험에 들어 버리면 악의 지배를 받게 됩니다.

시험에 들었다는 것은 마귀에게 문을 열어 주었고 마귀의 손에 자신을 내어 주었다는 이야기가 됩니다. 따라서 그 때부터는 악에 빠진 상태가 되고 이 악에서 벗어나기를 위하여 기도해야 합니다.

마태복음 18장에서는 죄악에 빠져 있는 형제를 위해 죄악에서 벗어 나기를 위하여 합심하여 기도하라고 권면하고 있습니다.

죄악에 빠져 있다는 것은 다른 의미로 사탄의 권세 아래 매이게 되었다는 것입니다.

우리는 기도를 통하여 악한 사탄은 묶어 매고 사탄의 매임에 있는 영혼은 풀어 내어 구원받도록 중보하며 합심하여 기도해야 합니다.

여기서 우리가 기억해야 하는 것은 죄악 또는 사탄의 권세에 매인 바 되면 스스로 풀어낼 능력이 없고 따라서 스스로 벗어나기

를 기도하는 일조차 하기 어렵다는 것입니다.

우리는 이 때에 죄악에 묶인 자를 비판하고 정죄하는 일로 해결되지 아니함을 기억하고 형제가 죄악에서 벗어나기를 중보하여 기도해야 합니다.

그러기에 우리는 시험에 들지 않기를 기도하고 악에서 벗어나기를 기도 해야 합니다.

이 때야말로 공동체적 기도가 필요한 때 입니다.

이 공동체적 기도, 형제를 악에서 건져내는 기도는 그러므로 영적 사역이 되고 중보기도는 곧 능력사역이 되는 것입니다.

우리가 악에서 구함 받기를 기도할 때 더 깊이 깨닫게 되는 것은 우리가 완전히 악의 세력에서 벗어나우리의 영혼이 완전한 자유를 누리는 것을 기도하는 일입니다.

우리를 계속 묶어 매려는 것은 사탄이요, 죄요, 악입니다. 우리는 그러한 의미에서 영적 전투에 놓여있습니다. 성경은 우리가 죄와 악과의 전쟁 가운데 있음을 보여줍니다.

죄가 문에 엎드려 우리가 문을 열면 삼키려고 노리고 있습니다. 우리가 죄를 향하여 문을 열면 시험에 들어 악에 빠지게 되는 것입니다.

우리는 죄와 싸워 이겨야 합니다.

죄에게 내 영혼을 넘겨줄 수 없습니다. 창4:7

바울 사도는 이미 구원 받은 신자의 마음 속에도 죄가 들어와 전쟁을 벌이고 사로 잡아가려 한다는 것을 경고하고 있습니다.

우리는 성령으로 말미암아 죄의 세력에서 완전히 해방되어 자유를 누리며 죄와 상관 없는 자유를 누리도록 기도해 합니다.

성결, 성화를 위하여 기도하는 것입니다. 롬 7:21-8:2

'악에서 구하소서' 하는 기도는 결국 영적 승리의 삶을 기도하는 것입니다.

악한 자, 즉 사탄에게서 자유 한 삶을 누리기를 기도하는 것입니다.

이를 위하여 말씀으로 인도 받기 위하여 말씀 묵상에 힘쓰고 성령의 도우심 안에 살기 위하여 깨어 기도하기를 힘쓰며 날마다 주님과 동행하여 마귀의 세력에서 자유 하여 거룩한 삶을 살아가도록 기도합시다.

나라와 권세와 영광이 ━

나라와 권세와 영광이

나라와 권세와 영광이 아버지께 영원히 있사옵나이다 아멘.

송영 기도

'나라와 권세와 영광이 아버지께 영원히 있사옵나이다'
하는 기도의 성격은 어떤 것이겠습니까?
대상29:10-13과 계5:13-14을 읽어보면 같은 성격의 고백이
나오고 있는데 한 번 읽어 보시기 바랍니다.

대상 29:10, 다윗이 온 회중 앞에서 여호와를 송축하여 가로되 우
리 조상 이스라엘의 하나님 여호와여 주는 영원히 송축을 받으시
옵소서

11, 여호와여 광대하심과 권능과 영광과 이김과 위엄이 다 주께 속하였사오니 천지에 있는 것이 다 주의 것이로소이다 여호와여 주권도 주께 속하였사오니 주는 높으사 만유의 머리심이니이다

12, 부와 귀가 주께로 말미암고 또 주는 만유의 주재가 되사 손에 권세와 능력이 있사오니 모든 자를 크게 하심과 강하게 하심이 주의 손에 있나이다

13, 우리 하나님이여 이제 우리가 주께 감사하오며 주의 영화로운 이름을 찬양하나이다

계 5:13, 내가 또 들으니 하늘 위에와 땅 위에와 땅 아래와 바다 위에와 또 그 가운데 모든 만물이 가로되 보좌에 앉으신 이와 어린양에게 찬송과 존귀와 영광과 능력을 세세토록 돌릴찌어다 하니

14, 네 생물이 가로되 아멘 하고 장로들은 엎드려 경배하더라

두 성경 구절이 보여주는 공통점은 하나님께 영광을 돌리는 송영인 것입니다. 주기도의 시작이 찬양의 기도였고 이제 마칠 때 기도도 송영으로 되어 있습니다. 모든 것의 완성은 찬미와 찬양으로 되어 있습니다.

우리의 삶도 기도도 하나님께 영광을 돌리는 것으로 완성 되는 것입니다.

나라가 아버지께

나라가 아버지께 있다는 것은 무슨 의미이겠습니까?

시109:19, 47:6-8, 계19:6등을 읽어 보십시오.

시 103:19, 여호와께서 그 보좌를 하늘에 세우시고 그 정권으로 만유를 통치하시도다

시 47:6, 찬양하라 하나님을 찬양하라 찬양하라 우리 왕을 찬양하라

7, 하나님은 온 땅에 왕이심이라 지혜의 시로 찬양할지어다

8, 열방의 방백들이 모임이여 아브라함의 하나님의 백성이 되도다 세상의 모든 방패는 여호와의 것임이여 저는 지존하시도다

계 19:6, 또 내가 들으니 허다한 무리의 음성도 같고 많은 물소리도 같고 큰 뇌성도 같아서 가로되 할렐루야 주 우리 하나님 곧 전능하신 이가 통치하시도다

이상의 성경이 보여 주는 바와 같이 하나님의 나라는 전적으로 하나님의 것이고 하나님은 우리의 왕이심을 송축하는 것입니다.

우리는 하나님 나라가 임하기를 기도하였고 하나님 나라를 위한 전반적인 기도를 드렸습니다.

마지막으로 다시 확인하고 고백하는 것은 하나님의 나라는 하

나님이 통치 하시는 나라이고 하나님에 의해서만 이루어지며 하나님이 우리의 왕으로 임하실 때만 가능합니다.

하나님은 우리 왕 이시며, 그 분만이 하나님 나라의 주인이심을 고백하며 송축하는 것입니다.

우리가 누리게 될 하나님 나라도 주님의 것임을 고백하며 송축하고 영광을 돌리는 것입니다.

만일 우리가 하나님 나라가 주님의 것이라고 고백할 수 있다면 우리가 하나님의 나라를 누리고 있을 뿐 아니라 감사하고 찬양하고 있는 셈입니다.

우리가 주기도문을 따라 기도하고 있는 동안 이미 하나님의 나라가 우리 안에 이루어 지고 있음을 인하여 감격하며 찬미하는 기도입니다.

권세가 아버지께

권세가 아버지께 있다는 것은 무슨 의미이겠습니까?
시62:11, 97:1-9, 엡1:19-23, 골1:15-18등을 읽어 보십시오.

시 62:11, 하나님이 한 두번 하신 말씀을 내가 들었나니 권능은 하나님께 속하였다 하셨도다

시 97:1, 여호와께서 통치하시나니 땅은 즐거워하며 허다한 섬은 기뻐할지어다

2, 구름과 흑암이 그에게 둘렸고 의와 공평이 그 보좌의 기초로다

3, 불이 그 앞에서 발하여 사면의 대적을 사르는도다

4, 그의 번개가 세계를 비추니 땅이 보고 떨었도다

5, 산들이 여호와의 앞 곧 온 땅의 주 앞에서 밀같이 녹았도다

6, 하늘이 그 의를 선포하니 모든 백성이 그 영광을 보았도다

7, 조각 신상을 섬기며 허무한 것으로 자긍하는 자는 다 수치를 당할 것이라 너희 신들아 여호와께 경배할지어다

8, 여호와여 주의 판단을 시온이 듣고 기뻐하며 유다의 딸들이 인하여 즐거워하였나이다

9, 여호와여 주는 온 땅 위에 지존하시고 모든 신 위에 초월하시니이다

엡 1:19, 그의 힘의 강력으로 역사하심을 따라 믿는 우리에게 베푸신 능력의 지극히 크심이 어떤 것을 너희로 알게 하시기를 구하노라

20, 그 능력이 그리스도 안에서 역사하사 죽은 자들 가운데서 다시 살리시고 하늘에서 자기의 오른편에 앉히사

21, 모든 정사와 권세와 능력과 주관하는 자와 이 세상뿐 아니라 오는 세상에 일컫는 모든 이름 위에 뛰어나게 하시고

22, 또 만물을 그 발 아래 복종하게 하시고 그를 만물 위에 교회의 머리로 주셨느니라

23, 교회는 그의 몸이니 만물 안에서 만물을 충만케 하시는 자의 충만이니라

골 1:15, 그는 보이지 아니하시는 하나님의 형상이요 모든 창조물보다 먼저 나신 자니

16, 만물이 그에게 창조되되 하늘과 땅에서 보이는 것들과 보이지 않는 것들과 혹은 보좌들이나 주관들이나 정사들이나 권세들이나 만물이 다 그로 말미암고 그를 위하여 창조되었고

17, 또한 그가 만물보다 먼저 계시고 만물이 그 안에 함께 섰느니라

18, 그는 몸인 교회의 머리라 그가 근본이요 죽은 자들 가운데서 먼저 나신 자니 이는 친히 만물의 으뜸이 되려 하심이요

권세가 하나님의 것임을 고백하고 송축하는 것입니다.

권세는 하나님 통치의 구체적 표현입니다.

인간의 역사를 다스리는 권세가 하나님의 것이요.

영적으로 사탄의 권세를 제어하고 통치하는 것도 하나님의 권세입니다. 개인도 하나님의 권세 아래 있고 교회도 하나님의 권세 아래 있습니다. 세상도 하나님의 권세 아래 있고 사탄도 하나님의 권세아래 있습니다. 모든 권세 위에 뛰어난 하나님의 권세를 인정

하고 믿으며 찬미하는 것입니다.

우리가 이 찬미의 기도를 드릴 때는 모든 마귀의 권세를 이기시고 모든 세상의 권세를 제어하는 하나님에 대한 신뢰와 감사와 감격이 포함 되어 있는 것입니다.

이러한 하나님을 고백하고 의지하고 찬미하는 것 자체가 천국의 삶이 아니겠습니까?

영광이 아버지께

영광이 하나님께 있다는 것은 무슨 의미이겠습니까?

이번에는 출40:34-35, 왕상8:10, 요1:14, 행2:1-4을 읽어 보십시오.

출 40:34, 그 후에 구름이 회막에 덮이고 여호와의 영광이 성막에 충만하매

35, 모세가 회막에 들어갈 수 없었으니 이는 구름이 회막 위에 덮이고 여호와의 영광이 성막에 충만함이었으며

왕상 8:10, 제사장이 성소에서 나올 때에 구름이 여호와의 전에 가득하매

11, 제사장이 그 구름으로 인하여 능히 서서 섬기지 못하였으니 이는

여호와의 영광이 여호와의 전에 가득함이었더라

요 1:14, 말씀이 육신이 되어 우리 가운데 거하시매 우리가 그 영광을 보니 아버지의 독생자의 영광이요 은혜와 진리가 충만하더라

행 2:1, 오순절날이 이미 이르매 저희가 다 같이 한 곳에 모였더니

2, 홀연히 하늘로부터 급하고 강한 바람 같은 소리가 있어 저희 앉은 온 집에 가득하며

3, 불의 혀같이 갈라지는 것이 저희에게 보여 각 사람 위에 임하여 있더니

4, 저희가 다 성령의 충만함을 받고 성령이 말하게 하심을 따라 다른 방언으로 말하기를 시작하니라

하나님의 영광을 말할 때 우리는 세가지 차원에서 이해하게 됩니다.

첫째는 하나님 자신의 절대적 영광입니다.

우리는 그 영광 앞에 압도 되어 찬양하는 것입니다.

하나님의 영광은 구약에서는 종종 구름과 불과 함께 임하였습니다. 출애굽 시에는 구름과 불로 나타나서 하나님의 영광을 보여주었고 솔로몬이 성전을 완성 하였을 때도 구름으로 나타나 하나님의 위엄과 영광을 보여주었습니다.

하나님은 절대자이시며 그 분만이 영광의 본체이십니다.

'우리가 하나님의 영광을 보고 영광은 하나님의 것입니다' 라고 감탄하고 찬미하는 것입니다.

신약에서는 독생자 예수님 안에 하나님의 영광이 계시되고 오순절 불과 바람으로 임하였습니다.

둘째는 하나님이 받으시고 우리가 그 분께 바쳐야 하는 영광입니다.

영광의 본체가 하나님이기에 당연히 모든 영광은 하나님께 바쳐져야 합니다.

하나님께 영광을 돌리지 않는 것이 죄입니다.

하나님은 하나님의 영광을 빼앗기지 아니하십니다.

아래 성구들을 묵상하여 보십시오.

행 12:21, 헤롯이 날을 택하여 왕복을 입고 위에 앉아 백성을 효유한대

22, 백성들이 크게 부르되 이것은 신의 소리요 사람의 소리는 아니라 하거늘

23, 헤롯이 영광을 하나님께로 돌리지 아니하는 고로 주의 사자가 곧 치니 충이 먹어 죽으니라

롬 1:21, 하나님을 알되 하나님으로 영화롭게도 아니하며 감사치도 아니하고 오히려 그 생각이 허망하여지며 미련한 마음이 어두워졌나니

고전 6:19, 너희 몸은 너희가 하나님께로부터 받은바 너희 가운데 계신 성령의 전인 줄을 알지 못하느냐 너희는 너희의 것이 아니라

20, 값으로 산 것이 되었으니 그런즉 너희 몸으로 하나님께 영광을 돌리라

고전 10:31, 그런즉 너희가 먹든지 마시든지 무엇을 하든지 다 하나님의 영광을 위하여 하라

셋째로 하나님께서 우리에게 주시는 영광입니다.

하나님이 받으실 영광을 우리가 가로 채서는 안 됩니다. 그러나 우리가 하나님의 영광 안에 들어가기를 기도할 수는 있습니다.

우리는 하나님의 영광을 찬미하면서 그분의 영광을 누리는 것입니다.

요 17:5, 아버지여 창세 전에 내가 아버지와 함께 가졌던 영화로써 지금도 아버지와 함께 나를 영화롭게 하옵소서

고후 3:18, 우리가 다 수건을 벗은 얼굴로 거울을 보는 것 같이 주의 영광을 보매 저와 같은 형상으로 화하여 영광으로 영광에 이르니 곧 주의 영으로 말미암음이니라

이렇게 하여 오직 주님을 찬양하는 기도로 우리의 기도를 마감할 수 있는 것입니다.

기도의 완성은 찬양과 찬미에 있습니다.

우리가 하나님께 기도하는 것이 처음에는 우리의 부족을 채워 달라고 하는 기도를 많이 하게 되겠지만 더 성숙해지면 하나님의 사랑과 찬양과 감사와 송축의 기도를 더 많이 하게 될 것입니다.

오직 찬양과 영광을 돌리는 삶과 기도가 되기를 바랍니다.

KINGDOM PRAYER

용서/ 기도의 문

용서/기도의 문

마 6:14, 너희가 사람의 과실을 용서하면 너희 천부께서도 너희 과실
을 용서 하시려니와

15, 너희가 사람의 과실을 용서하지 아니하면 너희 아버지께서도 너
희 과실을 용서하지 아니하시리라

한 번은 우리 훈련원에 훈련 받으러 오신 목사님 중에서 이 화해
의 메시지를 들으면서 성령의 큰 감동을 따라 울며 회개하는 분이
있었습니다. 그분은 동역하던 선배 목사님으로부터 너무 많은 상
처를 받아 용서하지 못하고 마음에 큰 아픔이 있는 분이었습니다.

그런데 은혜 받고 성령님의 은혜의 힘으로 훈련이 끝나자 용서
하지 못했던 선배를 찾아가 서로 화해하는 일이 이루어졌습니다.

그리고 나서 그날 밤 기도실에 들어 갔는데 어찌나 성령께서

기도 가운데 임하시고 기도를 이끌어 주시는지 화해 하기 이전에는 30분도 기도하기가 힘들었었는데 그 날부터는 기도실에 들어가는 일이 즐겁고 기도실에 들어가 한 시간이나 기도했나 하고 나와보면 4시간 기도한 적도 있을 만큼 기도에 깊이 젖어 드는 경험이 이루어졌다고 간증하였습니다.

용서하지 아니할 때는 막혀 있던 기도의 문이 용서한 후에 열려진 것을 간증하는 것입니다.

용서하지 않는 마음은 막힌 마음이며 하나님과도 통하지 않는 마음입니다.

예수님은 기도를 가르치신 후에 바로 이어서 용서를 가르치셨습니다.

물론 기도 속에 용서를 전제한 용서를 빌도록 가르치신 것도 사실입니다.

그렇다면 용서와 기도와의 관계가 중요한 원리임을 느끼게 되지 않습니까?

우리의 기도는 궁극적으로 하나님 나라를 이루고 누리는 기도입니다. 그리고 하나님 나라는 개인적인 것일 뿐 아니라 공동체적인 것입니다.

우리는 죄인이고 죄 속에 살면서 서로 상처를 주고 받으며 영적으로 정신적으로 묶이기도 하며 살고 있습니다.

용서가 아니면 근본적으로 인간 사회가 설 수 없습니다.

천국 기도를 가르치신 예수님은 다시 한 번 용서를 강조하여 가르치십니다. 화해되지 않은 채로 기도하는 것은 하나님이 받지 아니 하신다고 이미 말씀 하셨습니다.

기도는 용서하는 마음 없이 드려질 수 없습니다.

따라서 용서는 기도하는 삶을 받쳐 주는 반석입니다.

용서하지 않는다는 것은 기도하지 않겠다는 것이 되는 것이지요.

마 5:23, 그러므로 예물을 제단에 드리다가 거기서 네 형제에게 원망 들을만한 일이 있는줄 생각나거든

24, 예물을 제단 앞에 두고 먼저 가서 형제와 화목하고 그 후에 와서 예물을 드리라

하나님은 용서를 전제로 우리와 대화하고 교제하겠다는 것입니다. 용서는 기도를 여는 문입니다.

이미 언급한 바 있는데 인류의 역사가 존재하는 것 자체가 하나님의 용서에 근거하고창8:21-22참조

우리의 구원도 예수님의 피로 구속하심을 근거로 용서 받아 이루어지는 것입니다.롬3:23-26참조

노아 홍수 심판 후에 하나님은 사람의 마음이 악함을 아시고 눈 감아 주시고 일반적인 은총을 베풀어 용서를 바탕으로 역사의 존속을 허락 하셨습니다.

인간이 살고 존재하며 역사가 존속되는 것 자체가 하나님이 베푸신 용서에 근거한 은총의 선물입니다.

용서는 하나님 나라의 기초인 셈입니다.

하나님 나라의 삶을 가르치는 산상수훈이 이토록 용서를 강조하고 있는 것은 당연하지요.

서로 용서하지 않으면 하나님도 용서하지 않겠다고 하는 것은 그렇다면 무슨 의미이겠습니까?

우리가 용서하지 못한다면 왜 용서하지 못하는 것이겠습니까?

이미 본대로 우리는 하나님의 용서가 있기에 역사의 존속이 가능하고 우리가 이 땅에 사는 일이 허용 되었으며 더구나 구원 받고 하나님의 자녀가 되고 하나님의 나라를 얻고 누리는 것은 하나님의 용서에 근거를 두고 있습니다.

그런데 그 용서의 은혜와 감격이 있다면 서로 용서할 능력이 있어야 합니다.

일만 달란트 탕감 받은 자가 일백 데나리온을 탕감해 주지 못한다는 것은 일만 달란트 탕감을 믿지 못하고 실감하지 못하거나 그 탕감 받은 감격을 누리지 못하는 때문입니다.

따라서 하나님은 용서로 구원 받은 하나님의 자녀들이 서로 용서하므로 하나님 나라를 이루고 누리기를 원하시는 것입니다. 용서하지 못하는 것은 하나님의 용서를 모르고 감격하지 못하는 사람이라는 뜻이 되는 것이지요. 마8:21-35

그렇다면 용서해야 하나님 나라를 누리게 되는 이유가 무엇이 겠습니까?

잠언에 이러한 교훈이 있습니다.

잠 12:20, 악을 꾀하는 자의 마음에는 궤휼이 있고 화평을 논하는 자에게는 희락이 있느니라

잠 19:11, 노하기를 더디 하는 것이 사람의 슬기요 허물을 용서하는 것이 자기의 영광이니라

용서하지 못한다는 것은 받은 상처가 마음에 남아 있다는 것입니다. 그 상처가 남아서 그 영혼을 고통스럽게 하는 한 하나님 나라를 누리지 못합니다.

상한 마음을 치료 받지 못하고 있기에 자신의 영혼이 자유하지 못하며 하나님과의 교제를 누리지 못하며 하나님 나라의 즐거움을 누리지 못합니다.

그러기에 화평을 논하는 자에게 희락이 있다는 것이며 허물을 용서하는 것이 자기의 영광이 되는 것입니다. 용서할 때 사실은 나의 영혼이 자유를 얻는 것입니다.

자유한 영이 되어야 하나님과의 교제가 자연스럽고 천국을 누리며 살게 되는 것입니다.

하나님의 나라는 용서로부터 시작됩니다.

용서가 하나님 나라를 이루는 길이 됩니다.

용서 없이는 하나님 나라를 이루지 못합니다.

용서하지 않고는 서로 사랑하며 하나된 화해의 교제를 경험할 수 없습니다. 하나님의 나라는 개인적인 것이기도 하지만 공동체적이기도 하며 공동체적 하나님 나라 경험은 하나된 화해의 공동체입니다.

하나님과 하나되는 차원만이 아니라 서로의 막힌 담이 헐린 화해의 나라인 것입니다.

용서하는 곳에 용서가 오가며 화평이 이루어지며 하나님 나라가 경험됩니다. 그러므로 형제를 용서하지 않으면 하나님도 용서하지 않겠다고 엄히 말씀 하시는 것은 하나님의 사랑의 마음의 표현인 것입니다.

용서는 기도의 문을 여는 축복의 길이며 천국을 이루는 문이 됩니다.

용서하지 못하여 기도의 문이 막히는 일이 없게 해야겠습니다.

그리고 이제 기도실에 들러 "하늘에 계신 우리 아버지" 라고 부르며 주님과 교제하고 감격스러운 시간을 누리시기 바랍니다.

KINGDOM PRAYER

▶ 주기도문을 적용한 개인 기도의 예문

▶ 주기도문을 이용한 중보기도의 예문

주기도문을 적용한
개인 기도의 예문

훈련원에 훈련 받으러 오신 사역자들에게 개인 기도훈련을 목적으로 주기도문을 적용한 기도문입니다. 참고하여 주기도문의 트랙을 돌며 기도할 수 있기를 바랍니다.

하늘에 계신 우리 아버지여!
이름이 거룩히 여김을 받으소서.
할렐루야, 주님은 찬양 받으시기에 합당하신 하나님이기에
내가 주의 거룩하신 이름을 높이며 찬양합니다.
오, 거룩하신 하나님!
엘 엘리온, 지존하신 하나님
엘 샤다이, 전능하신 하나님
엘 오람, 영원하신 하나님을 찬양합니다.

주는 우주 만물의 창조자이시며 나의 창조주 이십니다.

오, 위대하신 하나님, 영광의 주님을 찬양합니다.

만왕의 왕 이시며 나의 왕, 만주의 주이시며

나의 주이신 하나님을 내가 경배하며 찬양합니다.

오, 하나님 아버지!

나의 의가 되신 여호와 치드케누 하나님을 찬양합니다.

나의 죄 값을 치루시고 십자가에서 피 흘려 나를 사시고

나를 구원하신 주님을 찬양합니다.

나의 거룩이 되사 나의 허물을 씻으시며 성령으로 거룩하게 하시는

여호와 마카데쉬 하나님을 찬양합니다.

여호와 이레의 하나님 감사합니다.

나를 위해 가장 좋은 사역과 사역지를 예비하시고

선물하신 하나님을 찬미 합니다.

여호와 이레의 하나님께서 나의 모든 필요를 채우시며

예비하시고 공급하심을 믿어 감사합니다.

여호와 라파, 치료의 하나님을 찬양합니다.

나의 질병을 치료하신 하나님을 찬양하며

건강하게 살게 하시는 주님을 찬양합니다.

나의 질병조차 십자가에서 지시고 연약함도 짊어지신

예수님 찬양합니다.

나의 사역 속에 오셔서 치유를 행하시는 성령 하나님 찬미합니다.

여호와 샬롬, 평강의 하나님을 찬양합니다.

내게 평강을 주시며 나의 가정에 평강을 주시며

이 나라에 평화를 주시는 주님을 찬양합니다.

여호와 삼마, 여기 임재하시는 주님을 찬양합니다.

우리 교회에 임재하시는 주님을 찬양합니다.

우리 교회에 오는 자마다 주님의 임재를 체험하며

감격하게 하시는 주님을 찬양합니다.

여호와 닛시, 승리의 기를 꽂아 주시는 하나님 감사합니다.

어두움의 영들을 이미 이기신 예수님을 찬양하고

나의 삶 속에서도 승리를 주시는 주님을 찬양합니다.

여호와 로히, 나의 목자 되신 하나님을 찬양합니다.

나를 언제나 푸른 초장으로 쉴만한 물가로 인도하시는

주님을 찬양합니다.

내게 부족함이 없게 하시고 늘 인도 하시고 보호 하시고

상 주시는 하나님을 찬양합니다.

할렐루야! 나의 평생에 주님을 찬양 합니다.

내 마음과 입술에 새 노래를 주시며 나의 삶과 사역을 통하여

주님의 이름이 천하만민 가운데서

찬미를 받으시게 되기를 소원합니다.

오, 주님! 주님의 나라가 이 땅에 임하소서.

내 마음에 임하소서.

나를 다스리시고 나로 주의 법을 시행하게 하소서.

나는 주님이 주시는 의와 평강과 희락으로 충만하게 하시며

우리 가정에 주님 나라 임하시므로

우리는 주의 백성으로 살고 주님은 우리의 왕이 되소서.

우리 교회에 주님 임하소서.

주님이 다스리시므로 어두움의 영들은 다 묶이고 떠나가게 하시며

오직 주님을 섬기게 하소서.

이 나라에 주님 임하소서.

주님이 통치 하소서.

주의 의가 서게 하시고

주님의 권세가 이 땅의 어두움을 몰아 내소서.

이 백성들은 주의 권세로 해방되어 주님을 찬송하게 하소서.

주님은 나의 왕이시며 우리 교회의 왕이시며

이 백성들의 왕 이시오니

주여 임하사 주의 왕국을 세우소서.

주님, 주님의 뜻을 이루소서.

하늘에서 이루신 주님의 뜻이 이 땅에서 이루어 지게 하소서.

주님은 나와 이 백성들의 구원을 뜻하사 대속하시고 인치시고

온 백성이 구원 받기를 뜻하셨습니다.

주님은 각 나라와 각 족속과 각 백성과 각 방언에서

사람들을 예수의 피로 사셔서

찬양하는 백성을 삼으셨습니다.

이 뜻이 이 땅에서 이루어지게 하소서.

그리고 주님의 이 위대하신 뜻을 이루기 위하여

나를 사용하시며 우리 교회를 사용하시어

주의 뜻을 이 땅에 편만하게 이루소서.

주께서 나를 향하신 뜻을 이루시고 나를 통하여

이루고자 하시는 뜻을 이루소서.

나로 주의 뜻을 알아 따르게 하시고

나는 주의 뜻을 이루는 사람으로 살게 하소서.

주님 내게 일용할 양식을 주소서.

나에게 양식을 공급하시는 주님을 찬양 하오며

내게 꼭 필요한 것을 구하여 기도하오니

이러한 것들을 내게 주소서.

나로 영혼의 양식을 배불리 먹게 하시고

또 풍성한 양식을 나누어 줄 수 있게 하소서.

북한의 형제들에게도 일용할 양식을,

육의 양식과 영의 양식 모두를 내려 주소서.

우리의 죄를 사하소서.

나의 죄를 사하소서.

또 나로 용서와 화해의 사람이 되게 하소서.

우리 한국교회 목사들의 교만하고

주님의 말씀에 착념치 아니하고 기도하지 않는 죄를 용서 하시고

주의 영으로 새롭게 하소서.

한국교회 성도들의 게으르고 이기적인 죄를 사하소서.

이 백성들의 탐욕스런 죄를 사하여 주소서.

주님! 나로 시험에 들지 않게 하소서.

호시탐탐 노리는 악한 영의 시험에 걸려 들지 않게 하소서.

나로 하나님의 말씀과 성령 안에 거하게 하시고

주님의 인도와 보호 아래 있게 하사

악한 자의 시험에 들지 말게 하소서.

나로 악에서 벗어나 자유케 하시고

악한 자의 올무에 빠지지 않게 하시고

악한 자를 대적하여 이기게 하소서.

날마다 승리의 생활을 하게 하소서.

우리 성도들 중 아무도 시험에 들지 않게 하시며

모두 악한 자에게서 벗어나 승리하게 하소서.

나라와 권세와 영광은 주님의 것입니다.

주님 영광 받으시고 나와 우리 교회가 주님의 영광을 보며

주를 찬송하게 하소서.

주기도문을 이용한
중보기도의 예문

주기도문을 중보기도로 사용할 경우의 적용의 예문입니다. 참고하여 사용예를 깨닫고 적용하여 중보 기도에도 사용하기 바랍니다.

1. 실직자 친구를 위한 기도

하늘에 계신 우리 아버지!

나의 아버지, 다사랑이의 아버지!

내가 다사랑이를 주님의 은혜와 능력의 손에 중보하여 올립니다.

다사랑이가 이번 회사 구조조정에서 퇴출 당하여 직장을 잃고

살길이 막막합니다.

그를 사랑하시는 아버지께서 그에게 은혜를 베푸시고 복을 주셔서

그의 입술의 찬미를 받으시고

그를 통하여 주의 이름이 거룩히 여김을 받으소서.

주님 나라 그의 심령에, 그의 가정에 임하시고 다스리시면서

책임적으로 그를 도우시므로 그가 하나님이 주시는 의와 평강과

희락을 누리게 하시고 그의 가정이 살길을 얻게 하소서.

그를 향하신 주님의 뜻을 이루사

그가 풍성한 생명을 누리며 하늘의 기쁨을 누리게 하소서.

주님 다사랑이에게 일용할 양식을 주소서.

그에게 직장을 주소서.

일터를 주소서.

혹시 죄가 있을 지라도 용서하여 주시고

저가 이 어려운 시기에도 영적 시험에는 들지 아니하고

신앙의 승리를 경험하게 하시고 다만 악에서 구하소서.

이 때에 믿음이 약하여 지지 않게 하시고

악한 자의 시험으로 흔들리지 않게 하시며

악한 자가 손 대지 못하게 하시고 주의 영광을 보게 하소서.

나라와 권세와 영광은 영원토록 주의 것입니다.

주님 영광을 받으시고

다사랑이도 하나님의 나라와 권세와 영광을 보게 하소서.

2. 병든 친구를 위한 기도

하늘에 계신 우리아버지!

나의 아버지시요, 다믿음이의 아버지이신 하나님!

내가 다믿음이를 주님의 은혜와 능력의 손에 중보하여 올립니다.

다 믿음이가 중한 병에 걸려 고통하고 있사오니
오셔서 저를 고치시고 구원하시고 저의 입술의 찬미를 받으시며
여호와 라파, 치료의 하나님의 이름이 거룩히 여김을 받으소서.
하나님의 나라 저의 심령과 육체에 임하시고
저로 주님이 주시는 의와 평강과 희락을 누리게 하시고
저가 하나님의 보배로운 백성된 것을 감격하여 찬미하게 하소서.
저에게서 모든 병마를 묶어 몰아 내시고
모든 질병과 질고로부토부터 자유하여
주님을 찬양하게 하소서.
저를 향하신 하나님의 뜻을 이루사
저가 그 영혼의 즐거움을 알게 하시고
질병에서 놓임을 받게 하소서.
예수님이 십자가 지실 때 저의 죄와 죽음과 질병까지 지시고
보혈을 뿌리시므로 저의 건강도 뜻하셨습니다.
고치시고 영광을 받으소서.
저가 이제 일용할 양식을 먹되 건강한 힘이 되게 하시고
하늘양식으로 배부르고 하늘 생수로 충만하게 하소서.
혹시 죄가 있을지라도 용서하시고 사죄와 자유함의 은혜를 주소서.
저가 질병 중에라도 영적으로는 시험에 들지 말게 하시고
주님을 찬미하는 온유한 신앙으로 끝까지 승리하게 하시고
악에서 구하시며 악한 질고에서도 건지소서.
나라와 권세와 영광은 주님의 것입니다.
주님 영광을 받으시고 저에게도 영광을 내리소서.

3. 믿지 않는 영혼을 위한 기도

하늘에 계신 우리 아버지!

내가 안 믿음이를 주님의 은혜와 능력의 손에 중보하여 올립니다.

저에게 임하시고 구원하사 저의 입술의 찬미를 받으시고

저를 통하여 주의 이름이 거룩히 여김을 받으시기를 기도합니다.

하나님의 나라가 저의 심령과 가정에 임하시고

통치하시고 다스리시며 저의 영혼을 포박하고 있는 어두움의 영을

묶어 몰아내시고 안믿음이의 영혼을 자유케 하시므로

저가 예수님께 나아와 구원을 받으며

주님을 찬미하는 백성이 되게 하소서. 할렐루야!

내가 예수 이름으로 명하노니

안믿음이의 영혼을 포박하고 있는 어두움의 영은 이제 떠날지어다.

그를 자유케 하라.

내가 예수님의 보혈을 그의 영혼에 뿌리노라.

악한 영은 그를 떠날지어다.

안믿음이의 영혼은 예수 이름으로 풀려나 자유케 되어

예수 믿고 구원 얻어 주님을 찬미하게 될지어다. 할렐루야!

오, 하나님 아버지!

안믿음이를 향하신 하나님의 구원의 뜻을 이루소서.

하나님 아버지는 그의 구원을 뜻하셨습니다.

예수님께서는 그의 구원을 위하여

십자가에서 보혈을 뿌리셨습니다.

성령님이여 임하사 그의 구원을 인치시고

그를 품으사 거듭나게 하소서.

그리하여 이제 안믿음이도 하늘 양식을 먹게 하시고

하늘 생수를 마시게 하소서.

저의 죄는 다 사하여 주소서.

저의 불신과 교만과 불순종의 죄를 사하시고

저의 조상적 죄조차 다 사하시고

저가 죄와 저주에서 벗어나게 하소서.

저가 더 이상 시험에 들지 말게 하시고

악한 자에게 끌려 다니지 말게 하시며

다만 악에서 구하소서.

악한 자에게서 구하시고 모든 저주와 멸망에서 구하소서.

나라와 권세와 영광은 아버지께 영원히 있습니다. 할렐루야!

안믿음이의 구원을 이루실 하나님을 찬양합니다. 할렐루야 아멘.

4, 관문도시나 나라를 위하여 드리는 중보기도

하늘에 계신 하나님 아버지!

우리가 오늘 북한의 평양시와 그 주민들을 위하여 중보합니다.

주님 평양에 임하시고 역사하시므로 그 땅에 주의 구원을 이루시고

247만 1천 여명의 평양 시민들을 구원하시고

그 도시와 사람들 가운데서 주의 이름이 높임을 받으소서.

주님 나라 평양에 임하시고 통치하시고 다스리시며

평양에서 활동하며 영혼들을 포박하고 있는 어두움의 영들을 묶어

몰아 내시고 포박된 영혼들을 풀어내사 자유케 하시므로

저들이 예수 이름을 부르며

구원 얻어 주님을 찬미하는 백성이 되게 하소서. 할렐루야!

이제 우리가 명하노니

평양에서 모든 어두움의 영들은 예수 이름으로 묶일 지어다.

평양시민들의 구원을 위하여 십자가에서 흘리신 예수님의 보혈을

평양시민의 영혼들에 중보로 뿌리노라.

어두움의 영은 떠날지어다.

이제 평양 시민들은 예수 이름으로 자유케 되어

예수 믿어 구원 얻게 될지어다.

여호와를 찬미하며 그의 백성의 복을 받게 될지어다. 할렐루야!

오, 하나님 아버지!

평양 시민들을 향하신 하나님의 구원의 뜻을 이루소서.

하나님 아버지는 평양시민들의 구원을 뜻하셨습니다.

예수님은 평양 시민들의 구원을 위하여

십자가에서 보혈을 뿌리셨습니다.

성령님이여 평양에 임하시고 저들을 품으시고

저들의 구원을 이루소서.

평양 시민들은 영적으로 육신적으로 굶주리고 있습니다.

주님, 평양 시민들에게 일용할 양식을 주시되

하늘의 양식으로 먹게 하시며 하늘 생수로 마시게 하시며

육신의 굶주림에서도 벗어나게 하소서.

저들의 죄를 사하소서.

수십 년 하나님을 부정하고 불신한 죄를 용서하시고

피 흘린 죄를 사하시며 평양 도성에 대 사죄의 은총을 내리소서.

저들로 더 이상 시험에 들지 말게 하시고

마귀에게 끌려 다니지 말게 하시며

악에서 구하소서.

악한 영에게서 악한 운명에서 구하소서.

나라와 권세와 영광은 아버지께 영원히 있습니다.

주님 영광을 받으시며 평양 시민들도 주의 영광을 보게 하소서.

할렐루야! 평양 시민들의 구원을 성취하실 주님을 찬양합니다. 아멘